Diogenes Taschenbuch 97/3

F. Scott Fitzgerald

Pat Hobby's Hollywood Stories

*Aus dem Amerikanischen
und mit Anmerkungen
von Harry Rowohlt*

Diogenes

Titel der amerikanischen Originalausgabe
›The Pat Hobby Stories‹
Copyright © Charles Scribner's Sons, New York 1962
Alle hier versammelten Geschichten erschienen
erstmals im Magazin ›Esquire‹
Copyright © 1939, 1940, 1941 by
Frances Scott Fitzgerald Lanahan
Umschlagzeichnung von Tomi Ungerer

Deutsche Erstausgabe
Alle deutschen Rechte vorbehalten
Copyright © 1978 by
Diogenes Verlag AG Zürich
100/78/E/1
ISBN 3 257 20510 4

Inhalt

PAT HOBBYS WUNSCHZETTEL

I

Im Studio war Heiligabend. Gegen elf Uhr vormittags hatte der Weihnachtsmann die meisten der vielen, die das Studio bevölkerten, ihren Wünschen entsprechend beschert.

In den Büros und Studiogebäuden trafen aufwendige Geschenke ein, von den Produzenten für die Stars, von den Agenten für die Produzenten; an jedem Drehort sprach man von den bösartigen Gaben, mit denen Regisseure von Schauspielern oder Schauspieler von Regisseuren bedacht worden waren; Sekt war von der Presseabteilung an die Presse gegangen. Und Trinkgelder – Fünfziger, Zehner und Fünfer, von Produzenten, Regisseuren und Autoren gespendet – regneten wie Manna auf die Klasse der geistig Arbeitenden.

Doch es gab auch Ausnahmen bei dieser Art von Abwicklung. Pat Hobby, zum Beispiel, der das Spiel aus zwanzigjähriger Erfahrung kannte, hatte tags zuvor den Einfall gehabt, sich seiner Sekretärin zu entledigen. Nun war jeden Augenblick die neue fällig – aber am ersten Tag würde sie kaum ein Geschenk erwarten.

Er wartete auf sie, indem er den Korridor entlangschritt und in offene Büros lugte, um zu sehen, ob sie von Leben erfüllt seien. Bei Joe Hopper von der Drehbuchabteilung machte er halt.

»Auch nicht mehr wie früher«, trauerte er. »Auf jedem Schreibtisch eine Pulle.«

»Ein paar gibt's immer noch.«

»Aber nicht viele.« Pat seufzte. »Und danach haben wir immer einen Film gemacht – aus den rausgeschnittenen Metern.«

»Davon hab ich gehört. Das ganze Zeug, das nicht genommen worden war.«

Pat nickte, und seine Augen glänzten.

»Das hatte doch noch einen Sinn. Ins Hemd haben wir uns gemacht vor Lachen . . .«

Er stockte beim Anblick einer Frau, die, einen Schreibblock in der Hand, am anderen Ende des Korridors sein Büro betrat und ihn auf diese Weise an die traurige Gegenwart gemahnte.

»Wegen Gooddorf soll ich während der Feiertage durcharbeiten«, lautete seine bittere Klage.

»Würde ich nie tun.«

»Ich ja auch nicht, aber nächsten Freitag sind meine vier Wochen um, und wenn ich ihn hängenlasse, verlängert er meine Probezeit nicht.«

Er wandte sich zum Gehen, und Hopper wußte bereits, daß Pats Probezeit ohnehin nicht verlängert würde. Man hatte ihn herangezogen, um eine altmodische Pferdeoper zu schreiben, und »die Jungs, die er unter sich hatte« – das heißt: die seinen Kram überarbeiteten –, meinten, das Zeug sei durchweg steinalt und über weite Strecken völlig unlogisch.

»Ich bin Miss Kagle«, sagte Pats neue Sekretärin.

Sie war um die sechsunddreißig, hübsch, etwas verwelkt, müde, tüchtig. Sie ging zur Schreibmaschine, prüfte sie, setzte sich und brach in Tränen aus.

Pat schaltete. In dieser Umgebung war Selbstkontrolle, wie tief man auch gesunken sein mochte, die oberste Devise. War es denn nicht schon schlimm genug, am 24. Dezember arbeiten zu müssen? Nun – nicht ganz so schlimm wie gar nicht zu arbeiten. Er ging zur Tür und machte sie zu; jemand hätte auf den Gedanken kommen können, er habe das Mädel beleidigt.

»Kopf hoch«, war sein Rat. »Wir haben schließlich Weihnachten.«

Der Sturm ihrer Gefühle hatte sich beruhigt. Nun saß sie wieder aufrecht, sie keuchte und wischte sich die Augen.

»Nichts wird so heiß gegessen, wie es gekocht wird«, beruhigte er sie, wenig überzeugend. »Worum geht's denn überhaupt? Sollen Sie gefeuert werden?«

Sie schüttelte den Kopf, schniefte einen letzten Schniefer und klappte ihren Stenoblock auf.

»Für wen haben Sie bisher gearbeitet?«

Zwischen plötzlich zusammengebissenen Zähnen stieß sie die Antwort hervor.

»Mr. Harry Gooddorf.«

Pat riß seine permanent blutunterlaufenen Augen auf. Jetzt erinnerte er sich, sie in Harrys Außenbüro gesehen zu haben.

»Seit 1921. Achtzehn Jahre. Und gestern hat er mich in die Abteilung zurückgeschickt. Er sagte, ich würde ihn deprimieren ... ich würde ihn ständig daran erinnern, daß er vorwärtskommt.« Ihr Gesicht war grimmig. »So hat er vor achtzehn Jahren nach Dienstschluß nicht gesprochen.«

»Klar, damals war er noch ein Schürzenjäger«, sagte Pat.

»Ich hätte damals etwas unternehmen sollen, als noch Zeit war.«

Pat verspürte Regungen von Rechtschaffenheit.

»Eheversprechen gebrochen? Das genügt noch nicht!«

»Ich hätte aber etwas Solides gegen ihn in der Hand gehabt. Wesentlich solider als Bruch des Eheversprechens. Und das habe ich immer noch. Aber andererseits müssen Sie auch bedenken, daß ich geglaubt hatte, ich wäre in ihn verliebt.« Sie brütete einen Augenblick lang. »Möchten Sie jetzt etwas diktieren?«

Pat entsann sich seines Berufes und schlug die Seiten einer Rohfassung auf.

»Ein Insert«, begann er. »Szene 114 A.«

Pat ging im Büro auf und ab.

»Außen. Lange Fahrt über die Ebene«, verfügte er. »Buck nähert sich mit den Mexikanern der Hyazenda.«

»Der was?«

»Der Hy-a-zen-da – dem Gebäude von der Ranch.« Er sah sie strafend an. »114 B. Zweier-Totale: Buck und Pedro. Buck: ›Dieser schmutzige Hurensohn? Ich reiß ihm die Gedärme raus!‹«

Miss Kagle sah verwirrt auf.

»Soll ich das wirklich hinschreiben?«

»Logisch.«

»Das kommt aber nicht durch.«

»*Ich* schreibe das. Natürlich kommt das nicht durch. Aber wenn ich statt dessen ›diese Ratte‹ schreibe, hat die Szene keinen Biß.«

»Aber irgendjemand muß es dann doch in ›diese Ratte‹ umändern?«

Er starrte sie durchdringend an; er wollte nicht jeden Tag die Sekretärin wechseln.

»Das soll Harry Gooddorfs Sorge sein.«

»Arbeiten Sie für Mr. Gooddorf?« fragte Miss Kagle alarmiert.

»Bis er mich rausschmeißt.«

»Ich hätte, glaube ich, nicht davon anfangen . . .«

»Keine Sorge«, beschwichtigte er sie. »Wir sind nicht mehr so dick miteinander. Nicht zu dreifünfzig die Woche, wenn man zweitausend gewohnt ist . . . Wo war ich stehengeblieben?«

Wieder schritt er auf und ab, wobei er seine letzte Zeile genüßlich wiederholte. Doch diesmal schien sie sich nicht auf einen Filmcharakter zu beziehen, sondern auf Harry Gooddorf. Plötzlich hielt er inne, gedankenverloren. »Sagen Sie mal, was liegt eigentlich gegen ihn vor? Wissen Sie, wo er die Leiche vergraben hat?«

»Das ist so wahr, daß es schon nicht mehr komisch ist.«

»Hat er einen umgenietet?«

»Mr. Hobby, es tut mir leid, daß ich überhaupt davon angefangen habe.«

»Nennen Sie mich doch Pat. Wie heißen Sie vorne?«

»Helen.«

»Verheiratet?«

»Im Augenblick nicht.«

»Dann hören Sie mal zu, Helen: Wie wär's mit einem kleinen Imbiß?«

II

Am Abend des 25. Dezembers versuchte er immer noch, ihr das Geheimnis zu entlocken. Sie hatten das Studio fast für sich allein; lediglich eine Rumpfmannschaft von Technikern bevölkerte sporadisch Straßen und Intendanz der Filmgesellschaft. Sie hatten Weihnachtsgeschenke ausgetauscht. Pat gab ihr einen Fünf-Dollar-Schein, Helen kaufte ihm ein weißlinnenes Taschentuch. Nur zu gut entsann er sich der Zeiten, als noch Dutzende solcher Taschentücher die Ernte einer einzigen Christnacht gewesen waren. Zwar machte das Drehbuch nur im Schneckentempo Fortschritte, doch die Freundschaft der beiden war beträchtlich gereift. Ihr Geheimnis, so sagte er sich, war ein wertvoller Aktivposten, und er fragte sich, wieviele Karrieren sich auf einen solchen Aktivposten gegründet haben mochten. Mancher, da war er ganz sicher, hatte es auf diese Weise zu Wohlstand gebracht. Genau, das war fast so gut wie verwandt zu sein, und er malte sich ein imaginäres Gespräch mit Harry Gooddorf aus.

»Harry, im Grunde sieht's doch so aus. Ich glaube, meine Erfahrung wird nicht ausreichend genutzt. Die jungen Spunde sollten die Schreiberei übernehmen ... ich könnte dann eine mehr überwachende Funktion ausüben.«

»Sonst ...?«

»Tja, sonst ...«, sagte Pat mit fester Stimme.

Mitten in seinen Tagtraum platzte unerwartet Harry Gooddorf.

»Fröhliche Weihnachten, Pat«, sagte er jovial. Sein Lächeln wurde weniger robust, als er Helen sah. »Oh, hallo, Helen ... ich wußte gar nicht, daß du jetzt bei Pat bist. Ich hatte dir eine kleine Aufmerksamkeit in die Script-Abteilung geschickt.«

»Das hättest du dir schenken können.«

Harry wandte sich flink an Pat.

»Der Boss sitzt mir im Nacken«, sagte er. »Donnerstag muß ich ein fertiges Manu haben.«

»Hier bin ich«, sagte Pat. »Sie kriegen es. Habe ich Sie schon jemals hängengelassen?«

»Meistens«, sagte Harry. »Meistens.«

Er schien noch einiges hinzufügen zu wollen, aber ein Bote mit einem Briefumschlag trat ein, welchen er Helen Kagle überreichte – woraufhin Harry kehrtmachte und hinauseilte.

»Sein Glück, daß er abgehauen ist!« brach es aus Miss Kagle hervor, nachdem sie den Umschlag geöffnet hatte. »Zehn Scheine – *zehn* lausige Scheine – von einem aus der Direktionsetage – nach achtzehn Jahren.«

Das war Pats Chance. Er saß auf ihrem Schreibtisch und erläuterte ihr seinen Plan.

»Für Sie und mich ist das Ganze kinderleicht«, sagte er. »Sie kriegen die Script-Abteilung, und ich werde Produktionsassistent. Dann sind wir für den Rest unseres Lebens aus dem Schneider – nie wieder schreiben – nie wieder auf die Maschine einhacken. Wir könnten sogar – wir könnten sogar – wenn alles klappt, könnten wir sogar heiraten.«

Sie zögerte lange. Als sie ein neues Blatt Papier in die Maschine spannte, fürchtete Pat, er habe verloren.

»Ich kann es aus dem Gedächtnis schreiben«, sagte sie. »Er hat diesen Brief *eigenhändig* am 3. Februar 1921 getippt. Er klebte ihn zu, und ich sollte ihn einstecken ... aber es gab da eine Blondine, für die er sich interessierte, und ich fragte mich, warum er so ein geheimnisvolles Getue mit dem Brief machte.«

Während sie sprach, hatte Helen getippt, und nun gab sie Pat eine Notiz.

An: Will Bronson
First National Studios
– persönlich –
Lieber Bill:
Wir haben Taylor umgebracht. Wir hätten ihm schon viel früher einheizen sollen. Also halt's Maul.

Dein Harry

Pat starrte verblüfft auf das Papier.

»Haben Sie das mitgekriegt?« sagte Helen. »Am 1. Februar 1921 wurde William Desmond Taylor, der Regisseur, umgenietet. Und bis heute weiß man nicht, von wem.«

III

Achtzehn Jahre lang hatte sie das Original des Briefes behalten, den Umschlag, alles. Sie hatte lediglich eine Kopie an Bronson geschickt und Harry Gooddorfs Unterschrift durchgepaust.

»Die Sache ist gelaufen, Baby«, sagte Pat. »Ich hatte schon immer das Gefühl, daß es bei Taylor ein *Mädel* war.«

Aus lauter Übermut öffnete er eine Schublade und entnahm ihr eine Viertelliterflasche Whisky. Dann besann er sich und fragte:

»Ist der Brief an einem sicheren Ort?«

»Worauf Sie sich verlassen können. Er würde ihn nie finden.«

»Dann hat er verloren, Baby!«

In einer funkelnden Montage schwammen Bargeld, Autos, Mädchen und Swimming-pools vor Pats geistigem Auge.

Er faltete das Papier zusammen, stopfte es in die Jackentasche, nahm einen weiteren Schluck und griff nach seinem Hut.

»Wollen Sie etwa jetzt mit ihm reden?« fragte Helen mit einiger Panik in der Stimme. »Warten Sie lieber, bis ich aus dem Studio bin. *Ich* hab keine Lust, mich umbringen zu lassen.«

»Keine Sorge! Hören Sie zu: Wir treffen uns in der ›Muncherie‹, Fifth Street Ecke La Brea Avenue . . . in einer Stunde.«

Auf dem Weg zu Gooddorfs Büro beschloß er, innerhalb der Studiomauern weder Fakten noch Namen zu erwähnen. Damals, in jener kurzen Epoche, die ihn als Leiter der Drehbuch-Abteilung gesehen hatte, war er der Urheber eines Plans gewesen, im Büro jedes Autors ein Abhörgerät anbringen zu lassen. So hätte man ihre Loyalität dem Studio gegenüber mehrmals täglich überprüfen können.

Man hatte die Idee verlacht. Aber später, als er »zum Schreiber degradiert« war, fragte er sich oft, ob man seine Anregung insgeheim nicht doch aufgenommen hatte. Vielleicht war eine seiner eigenen unbedachten Äußerungen für die Hundehütte verantwortlich, in der man ihn nun schon eine Dekade lang begraben hielt. So, verborgene Abhörgeräte im Geiste wägend, die durch einfachen Zehendruck betätigt werden konnten, betrat er Harry Gooddorfs Büro.

»Harry . . .«, sorgfältig wählte er seine Worte, »erinnern Sie sich an die Nacht des 1. Februar 1921?«

Leicht verdutzt lehnte sich Gooddorf in seinem Drehstuhl zurück.

»Was?«

»Versuchen Sie nachzudenken. Es ist sehr wichtig für Sie.«

Wie er so seinen Freund betrachtete, glich Pats Gesichtsausdruck dem eines beunruhigten Leichenbestatters.

»1. Februar 1921.« Gooddorf grübelte. »Nein. Wie soll ich mich an sowas erinnern? Glauben Sie, ich führe Tagebuch? Ich weiß nicht mal, wo ich damals war.«

»Sie waren genau hier, in Hollywood.«

»Wahrscheinlich. Wenn Sie es wissen, sagen Sie's mir.«

»Es wird Ihnen einfallen.«

»Mal sehen. Sechzehn bin ich an die Westküste gekommen. Bis 1920 war ich bei Biograph. Hab ich da nicht irgendwelche Witzfilme gemacht? Aber genau. Das war ein Streifen namens *Knuckleduster* – Außenaufnahmen.«

»Sie waren nicht ununterbrochen bei den Außenaufnahmen. Am 1. Februar waren Sie in der Stadt.«

»Was soll das?« wollte Gooddorf wissen. »Ist das der dritte Grad?«

»Nein, aber ich besitze einige Informationen, die Ihre Aktivitäten an diesem Datum betreffen.«

Gooddorfs Gesicht rötete sich; sekundenlang hatte es den Anschein, als werde er Pat vor die Tür setzen –

dann schnappte er plötzlich nach Luft, befeuchtete sich die Lippen und starrte auf seinen Schreibtisch.

»Oh«, sagte er, und dann, eine Minute später: »Aber ich sehe immer noch nicht, was Sie das angeht.«

»Das geht jeden anständigen Menschen an.«

»Seit wann sind Sie ein anständiger Mensch?«

»Zeit meines Lebens«, sagte Pat. »Und selbst wenn ich das nicht wäre – so etwas hätte ich nie getan.«

»Herr, du meine Fresse!« sagte Harry verächtlich. »Ausgerechnet *Sie* tanzen hier mit einem Heiligenschein an! Und wo haben Sie, wenn schon, denn schon, Ihre Beweise? Man sollte meinen, Sie hätten ein schriftliches Geständnis. Das ist doch alles längst vergessen.«

»Ein anständiger Mensch vergißt dergleichen nie«, sagte Pat. »Und was das schriftliche Geständnis angeht – damit kann ich dienen.«

»Das wage ich zu bezweifeln. Und ob es vor Gericht standhält, ist auch noch sehr die Frage. Man hat Sie auf den Arm genommen.«

»Ich habe es gesehen«, sagte Pat mit wachsender Zuversicht. »Und es genügt, um Sie zu hängen.«

»Ich schwör's Ihnen: Wenn das auch nur die geringste Publicity gibt, jage ich Sie aus der Stadt.«

»*Sie* jagen *mich* aus der Stadt.«

»Ich brauche keine Publicity.«

»Dann sollten Sie vielleicht doch auf mich hören. Und vorher mit niemandem reden.«

»Wohin gehen wir?«

»Ich kenne eine Bar, wo wir ungestört sind.«

Die »Muncherie« war in der Tat menschenleer, wenn man vom Barkeeper und von Helen Kagle absah, die, vor Erregung bebend, an einem Tisch saß. Bei ihrem

Anblick nahm Gooddorfs Miene einen Ausdruck grenzenlosen Tadels an.

»Schön versaute Weihnachten«, sagte er, »wo meine Familie mich seit einer Stunde erwartet. Ich will jetzt wissen, worum es geht. Ihr behauptet, ihr hättet irgendein Papier mit meiner Handschrift.«

Pat zog den Zettel aus der Tasche und las das Datum vor. Dann blickte er hastig auf:

»Das ist nur eine Kopie. Es hat also nicht den geringsten Sinn, sich den Zettel greifen zu wollen.«

Er beherrschte die Technik derartiger Szenen. Als die Western-Welle zeitweilig abgeebbt war, hatte er über mancher Orgie des Verbrechens geschwitzt.

»An William Bronson, lieber Bill, wir haben Taylor umgebracht, wir hätten ihm schon viel früher einheizen sollen, also halt's Maul, dein Harry.«

Pat hielt inne. »Das haben Sie am 3. Februar 1921 geschrieben.«

Schweigen. Gooddorf wandte sich an Helen Kagle.

»Warst *du* das? Habe ich dir das diktiert?«

»Nein«, gab sie mit ehrfürchtiger Stimme zu. »Das hast du selbst geschrieben. Ich habe den Brief geöffnet.«

»Ach so. Na schön, was wollt ihr?«

»Alles«, sagte Pat und begeisterte sich am Klang dieses Wortes.

»Was genau?«

Pat hob ab und beschrieb die Karriere, die eines Mannes um die Neunundvierzig würdig sei. Eine strahlende Laufbahn. Im Laufe dreier Whiskys gewann sie eher noch an Schönheit und Kraft. Auf eine Forderung jedoch kehrte er immer wieder zurück.

Morgen schon wollte er Produzent sein.

»Warum denn schon morgen?« wunderte sich Gooddorf. »Kann das nicht warten?«

Ganz plötzlich hatte Pat Tränen in den Augen –
echte Tränen. »Heute ist Weihnachten«, sagte er.
»Das ist mein einziger Wunsch. Mir ist es so dreckig
gegangen. Ich hab so lang gewartet.«

Gooddorf stand abrupt auf.

»Spielt sich nichts ab«, sagte er. »Sie mache ich nicht
zum Produzenten. Das kann ich der Firma nicht antun.
Dann schon lieber ein Prozeß.«

Pats Mund klappte auf.

»Was? Sie weigern sich?«

»Und wie. Lieber baumele ich.«

Er wandte sich, gesammelten Ernst im Gesicht, und
bewegte sich auf die Tür zu.

»Nun gut«, brüllte Pat ihm nach. »Dies ist Ihre letzte
Chance.«

Und dann plötzlich die Überraschung, als Helen
Kagle aufsprang, um Gooddorf nachzusetzen – und ihn
zu umhalsen.

»Mach dir keine Sorgen!« schrie sie. »Ich zerreiß den
Wisch, Harry! War alles nur ein Witz, Harry ...«

Ihr versagte die Stimme. Sie hatte bemerkt, daß
Gooddorf von heftigem Gelächter geschüttelt wurde.

»Was ist daran so komisch?« erkundigte sie sich mit
wieder aufflackernder Wut. »Glaubst du etwa, ich hätte
es nicht?«

»Aber klar hast du es«, heulte Gooddorf. »Du hast
es ... aber es ist nicht das, was du glaubst.«

Er kam an den Tisch zurück, setzte sich und wandte
sich Pat zu.

»Wissen Sie, was ich dachte? Mit dem Datum? Ich

hatte angenommen, das wäre der Tag gewesen, an dem Helen und ich zum erstenmal aufeinander abdröhnten. Das hab ich gedacht. Und ich dachte, sie macht jetzt Wirbel deswegen. Ich dachte, sie spinnt. Seit damals war sie zweimal verheiratet, und ich ebenfalls.«

»Das erklärt aber noch nicht den Brief«, sagte Pat zielstrebig, wenn auch sinkenden Muts. »Sie geben zu, Taylor umgebracht zu haben.«

Gooddorf nickte.

»Wir waren wohl alle daran beteiligt«, sagte er. »Wir waren ein ziemlich wilder Haufen – Taylor und Bronson und ich und die übrigen Großverdiener. Also haben sich ein paar von uns zusammengetan und uns gesagt, wir sollten es eher wieder langsam angehen lassen und es nicht allzu bunt treiben. Die Nation wartete darauf, einen von uns hängen zu sehen. Wir versuchten, Taylor klarzumachen, daß er kurztreten soll, aber er hat nicht auf uns gehört. Anstatt ihm also gehörig einzuheizen, haben wir ihn so weitermachen lassen. Und irgendeine Ratte hat ihn dann abgeknallt. Wer das nun genau war, entzieht sich meiner Kenntnis.«

Er erhob sich.

»*Sie* sind verladen worden, Pat, und zwar nach allen Regeln der Kunst. Aber wir haben seinerzeit schon alle so herzlich über Sie gelacht, und außerdem waren wir viel zu beschäftigt.«

Plötzlich schniefte Pat.

»Ich *bin* verladen worden«, sagte er. »Und nicht zu knapp.«

»Zu spät, die Einsicht«, sagte Gooddorf und fügte hinzu: »Inzwischen dürften Sie sich etwas ganz anderes zu Weihnachten wünschen, und diesen Wunsch werde ich Ihnen unter Garantie erfüllen. Ich werde niemandem etwas über den heutigen Nachmittag erzählen.«

Als er gegangen war, saßen Pat und Helen schweigend beieinander. Mit raschem Entschluß kramte Pat den Zettel hervor und überflog seinen Inhalt.

»›Also halt's Maul‹«, las er vor. »Das hat er nicht erklärt.«

»Also halt's *Maul*«, sagte Helen.

Ein Mann steht im Wege

I

Pat Hobby konnte das Gelände der Filmgesellschaft jederzeit betreten. Fünfzehn Jahre hatte er
mit Unterbrechungen dort gearbeitet – in den letzten
fünf Jahren eher mit Unterbrechungen als überhaupt –,
und beim Studiowerkschutz kannten ihn fast alle.
Wenn ein besonders eifriger Kunde gerade Wache schob
und seinen Ausweis sehen wollte, konnte er immer noch
hineinkommen, indem er Lou, den Buchmacher, anrief.
Auch Lou hatten die Studios jahrelang ein Heim geboten.

Pat war neunundvierzig. Er war zwar Autor, aber er
hatte nie viel geschrieben, geschweige denn die »Origi-
nale« gelesen, nach denen er arbeitete, weil vieles Lesen
bei ihm einen Brummschädel verursachte. In der guten
alten Stummfilmzeit nahm man sich einfach von irgend
jemandem die Handlung und eine gescheite Sekretärin,
welche man sechs bis acht Stunden pro Woche unter
Benzedrin mit einer »Handlungsstruktur« quälte. Der
Regisseur sorgte dann für die Gags. Nachdem der
Tonfilm aufgekommen war, hatte er sich immer mit
jemandem zusammengetan, der Dialoge schreiben
konnte. Ein junger Mensch mußte es sein, der gern
arbeitete.

»Ich komme in mehr Vorspännen vor als sonstwer«,

erzählte er Jack Berners. »Ich brauche nur eine Idee und jemanden, der nicht gänzlich bescheuert ist.«

Er hatte Jack vor dem Produktionsbüro erwischt, als Jack zum Mittagessen wollte, und nun gingen sie zusammen in Richtung Intendanz.

»Dann schaffen Sie eine Idee heran«, sagte Jack Berners. »Bei der angespannten Lage können wir niemanden auf die Gehaltsliste setzen, wenn er keine Idee hat.«

»Und wie kommt man ohne Gehalt auf Ideen?« wollte Pat wissen –, um dann hastig hinzuzufügen: »Ich habe jedenfalls den Keim einer Idee, und beim Mittagessen könnte ich Ihnen alles darüber erzählen.«

Vielleicht fiele ihm beim Essen ja tatsächlich etwas ein. Da gab es immerhin die Andeutung, die Baer wegen dieser Pfadfindergeschichte gemacht hatte. Doch Jack sagte fröhlich:

»Zum Mittagessen bin ich schon verabredet, Pat. Schreiben Sie doch einen ausführlichen Entwurf und schicken ihn bei mir vorbei, ja?«

Er kam sich dabei zwar grausam vor, denn er wußte, daß Pat nicht imstande war, irgend etwas ausführlich niederzuschreiben, aber im Augenblick hatte er selbst Probleme. Der Krieg war ausgebrochen, und jeder Produzent auf dem Gelände wollte, daß die Geschichte, die er gerade machte, damit endete, daß der Held in den Krieg zog. Und Jack Berners fand, daß er diesen Einfall zuerst gehabt hatte, und zwar für seine laufende Produktion.

»Sie schreiben also einen Entwurf, ja?«

Als Pat nicht antwortete, sah Jack ihn an: Pats Blick

drückte ein solches Maß an Knechtung und Elend aus, daß er ihn an seinen eigenen Vater erinnerte. Pat hatte schon das große Geld verdient, als Jack noch aufs College ging; drei Autos und über jeder Garage je eine Mieze. Jetzt sahen seine Klamotten aus, als habe er drei Jahre lang an der Ecke Hollywood Boulevard/Vine Street gestanden.

»Schnüffeln Sie doch ein bißchen auf dem Gelände herum, und reden Sie mit irgendeinem Autor«, sagte Jack. »Wenn Sie einen für Ihre Idee interessieren können, schicken Sie ihn zu mir.«

»Eine Idee gebe ich ungern aus der Hand, wenn nichts dabei rausspringt«, brütete Pat pessimistisch vor sich hin. »Diese jungen Spunde klauen einem doch den Stuhl unterm Arsch weg.«

Sie hatten die Tür zur Intendanz erreicht.

»Alles Gute, Pat. Immerhin sind wir jetzt nicht in Polen.«

(»Dein Glück«), murmelte Pat lautlos. (»Die würden dir ganz schön den Arsch aufreißen.«)

Wie sollte es nun weitergehen? Er ging ein Stockwerk höher und wanderte durch den Korridor, an dem die Klausen der Autoren lagen. Fast alle waren beim Mittagessen, und die noch da waren, kannte er nicht. Man sah immer mehr unbekannte Gesichter. Und er war dreißigmal im Vorspann erwähnt worden; zwanzig Jahre war er nun schon in der Branche, Publicity, Drehbuch-Abteilung, alles.

Die letzte Tür des Korridors führte zu einem Mann, den er nicht mochte. Er brauchte aber einen Ort, an dem er kurz verschnaufen konnte, und so klopfte er einmal und stieß die Tür auf. Der Mann war nicht da – nur ein sehr hübsches, zerbrechlich wirkendes Mädchen. Sie las ein Buch.

»Ich glaube, er ist nicht mehr in Hollywood«, beantwortete sie seine Frage. »Sie haben mir sein Büro gegeben und vergessen, meinen Namen an die Tür zu kleben.«

»Sie schreiben?« fragte Pat überrascht.

»Ich versuch's.«

»Die sollten mal Probeaufnahmen von Ihnen machen.«

»Nein. Ich schreibe gern.«

»Was lesen Sie denn da?«

Sie zeigte es ihm.

»Ich will Ihnen einen Rat geben«, sagte er. »Auf die Weise kriegt man nie und nimmer mit, was wirklich in einem Buch steckt.«

»Oh.«

»Ich bin schon jahrelang dabei – ich bin Pat Hobby –, und ich weiß *Bescheid*. Geben Sie das Buch vier Freunden zum Lesen. Fragen Sie sie, was haftengeblieben ist. Schreiben Sie's auf, und fertig ist der Film. Klar?«

Das Mädchen lächelte.

»Das ist ein sehr . . . ein sehr origineller Rat, den Sie mir da geben, Mr. Hobby.«

»Pat Hobby«, sagte er. »Kann ich bei Ihnen eine Minute warten? Der Mann, mit dem ich mich treffen wollte, ist zum Essen gegangen.«

Er setzte sich an die andere Seite ihres Schreibtischs und ergriff eine Illustrierte.

»Oh, ich will das noch eben rot anstreichen«, sagte sie schnell.

Er sah sich die betreffende Seite an. Da waren Gemälde aus einem europäischen Museum abgebildet, die verpackt und abtransportiert wurden, um sie aus der Gefahrenzone zu bringen.

»Wie wollen Sie das verwenden?« sagte er.

»Ich dachte, es wäre vielleicht ganz filmisch, wenn da ein alter Mann dabei wäre, wenn die Bilder eingekistet werden. Ein armer, alter Mann, der einen Job sucht und sich nützlich machen will. Aber keiner kann ihn gebrauchen – er steht im Wege –, er ist nicht einmal mehr als Kanonenfutter zu verwenden. Die Welt braucht starke junge Menschen. Und dann stellt sich heraus, daß er der Mann ist, der vor vielen Jahren die Bilder gemalt hat.«

Pat bedachte das.

»Klingt gut, aber ich kapiere es nicht«, sagte er.

»Ist ja auch nicht viel, vielleicht ein kurzer Kurzfilm.«

»Haben Sie ein paar gute Ideen für Filme? Ich kenne hier alle Märkte.«

»Ich stehe unter Vertrag.«

»Benutzen Sie einfach einen anderen Namen.«

Ihr Telefon klingelte.

»Ja, hier spricht Pricilla Smith«, sagte das Mädchen.

Nach einem Augenblick wandte sie sich ihm wieder zu.

»Könnten Sie mich jetzt vielleicht entschuldigen? Ein Privatgespräch.«

Er begriff und ging hinaus, den Flur entlang. Er fand ein Büro ohne Namensschild, betrat es und schlief auf der Couch ein.

Am späten Nachmittag kehrte er in Jack Berners' Vorzimmer zurück. Er hatte eine Idee: Ein Mann trifft ein Mädchen in einem Büro und glaubt, sie sei eine Stenosekretärin, es stellt sich aber heraus, daß sie Autorin ist. Trotzdem engagiert er sie als Sekretärin, und sie fahren dann zusammen in die Südsee. Das war ein Anfang, es war etwas, was man Jack erzählen konnte, dachte er – und, dabei an Pricilla Smith denkend, polierte er einige alte Praktiken auf, die er schon seit Jahren nicht mehr in Aktion gesehen hatte.

Dabei echauffierte er sich richtiggehend; einen Augenblick lang fühlte er sich wieder ganz jung, er ging im Vorzimmer auf und ab und probte im Geiste die erste Sequenz. »Wir haben hier also eine Situation wie in *It Happened One Night* –, aber in neu. Ich stell mir Hedy Lamarr vor, wie sie . . .«

Oh, er wußte, wie man mit diesen Burschen sprach, wenn man bis zu ihnen vorgedrungen war. Und etwas zu sagen hatte.

»Hat Mr. Berners noch immer keine Zeit?« fragte er zum fünften Male.

»Leider nein, Mr. Hobby. Mr. Bill Costello und Mr. Bach sind bei ihm.«

Er überlegte blitzschnell. Jetzt war es halb sechs. Früher war er manchmal einfach in ein Büro hineingeplatzt und hatte eine Idee verkauft, eine Idee, die dann mehrere Riesen wert war, weil er den richtigen Augenblick erwischt hatte, wenn alle das, was sie gerade taten, herzlich satt hatten.

Voller Unschuld ging er hinaus und zu einer anderen

Tür des Korridors. Diese Tür, soviel wußte er, führte durch ein Badezimmer direkt in Jack Berners' Büro. Er holte tief Atem und stürzte sich mitten hinein . . .

»... also, so stell ich mir das ungefähr vor«, faßte er nach fünf Minuten zusammen. »Nur so eine Idee, alles noch nicht richtig ausgearbeitet, aber ihr könntet mir ein Büro geben und ein Mädel, und in drei Tagen hätte ich was für euch, und zwar in Schwarz auf Weiß.«

Berners, Costello und Bach brauchten nicht einmal Blicke zu wechseln. Berners sprach für alle, als er freundlich, aber bestimmt sagte:

»Das ist noch keine Idee, Pat. Dafür kann ich Sie nicht auf die Gehaltsliste setzen.«

»Arbeiten Sie's doch zu Hause noch ein bißchen durch«, schlug Bill Costello vor. »Danach sehen wir dann weiter. Wir brauchen Ideen – besonders über den Krieg.«

»Mit Gehalt denkt sich's besser«, sagte Pat.

Es trat Stille ein. Costello und Bach hatten mit ihm getrunken, hatten mit ihm gepokert, waren mit ihm zum Pferderennen gegangen. Sie wären ehrlich froh gewesen, ihn irgendwo untergebracht zu wissen.

»Über den Krieg, was?« sagte er düster. »Nur noch Krieg, Krieg, Krieg, egal, wie oft ein Mann im Vorspann erwähnt wurde. Wißt ihr, woran mich das erinnert? Das erinnert mich an einen berühmten Maler, den sie aufs Abstellgleis geschoben haben. Es ist Krieg, und er ist nutzlos – ein Mensch, der nur im Wege steht.« Er begann, sich für diese Konzeption seiner selbst zu erwärmen, »... aber die ganze Zeit karren die Leute *seine eigenen Gemälde* durch die Gegend, weil sie das

Einzige sind, was sich zu retten noch lohnt. Und lassen ihn nicht mal dabei helfen. Daran erinnert mich das.«

Wieder trat für Augenblicke Stille ein.

»Das ist keine schlechte Idee«, sagte Bach nachdenklich. Er wandte sich an die anderen. »Oder? So für sich genommen?«

Bill Costello nickte.

»Ganz und gar nicht schlecht. Und ich weiß auch schon, wo wir das einhängen können. Genau am Ende der vierten Sequenz. Wir machen den ollen Ames einfach zum Maler.«

Und sogleich sprachen sie in Zahlen.

»Dafür gebe ich Ihnen zwei Wochen«, sagte Berners zu Pat. »Zu zweifünfzig.«

»Zweifünfzig!« protestierte Pat. »Es gab Zeiten, da habt ihr mir zehnmal soviel gezahlt.«

»Das war vor zehn Jahren«, erinnerte ihn Jack. »Tut mir leid. Mehr läuft beim besten Willen nicht.«

»Bei euch komme ich mir vor wie dieser alte Maler, der . . .«

»Nun verkaufen Sie's nicht gleich zweimal«, sagte Jack lächelnd und erhob sich. »Sie sind auf der Gehaltsliste.«

Pat ging hinaus, hastig und zuversichtlichen Auges. Ein halber Riese – damit wäre er einen Monat lang aus dem Gröbsten, und zwei Wochen konnte man auf drei ausdehnen – manchmal sogar auf vier. Stolz verließ er das Studio durch den Haupteingang und machte erst beim Schnapsladen halt, um sich ein Fläschchen mit aufs Zimmer zu nehmen.

Gegen sieben Uhr sah alles sogar noch besser aus. Morgen vielleicht nach Santa Anita auf die Rennbahn, wenn er einen Vorschuß kriegen konnte. Und heute abend – heute abend mußte etwas Festliches geschehen. Er empfand einen unvermittelten lustvollen Schub und ging hinunter zur Empfangshalle. Er rief im Studio an und erkundigte sich nach der Nummer von Miss Pricilla Smith. So etwas Hübsches hatte er ja seit Jahren nicht gesehen . . .

In ihrer Wohnung sprach Pricilla Smith ziemlich bestimmt ins Telefon.

»Es tut mir furchtbar leid«, sagte sie, »aber ich kann wirklich jetzt nicht . . . Nein . . . Ich habe die ganze Woche leider keine Zeit.«

Als sie auflegte, sprach Jack Berners, der auf ihrer Couch lag.

»Wer war das denn?«

»Ach, so ein Typ, der heute in mein Büro geschneit kam«, lachte sie, »und mir weismachen wollte, daß man nie ein Buch lesen darf, wenn man es verfilmen will.«

»Das soll ich dir glauben?«

»Aber ja doch. Vielleicht fällt mir auch gleich sein Name wieder ein. Jetzt muß ich dir aber erstmal die Idee erzählen, die ich heute morgen hatte. Ich habe da ein Foto in einer Illustrierten gesehen; da wurden Kunstwerke von der Tate-Galerie in London verpackt. Und da habe ich mir gedacht . . .«

»KOCHEND HEISSES WASSER – JEDE MENGE KOCHEND HEISSES WASSER!«

Pat Hobby saß in seinem Büro im Autorentrakt und betrachtete die Ausbeute eines Vormittags, die gerade aus der Script-Abteilung zurückgeschickt worden war. Er »redigierte«, und das war der einzige Job, den er heutzutage noch bekam. In Blitzesschnelle sollte er eine völlig verhauene Sequenz reparieren, aber das Wort »Blitzesschnelle« konnte ihn weder inspirieren noch einschüchtern, denn Pat war bereits seit seinem dreißigsten Lebensjahr in Hollywood; und jetzt war er neunundvierzig. Die ganze Arbeit, die er an diesem Vormittag geleistet hatte (wenn man davon absieht, daß er einige Zeilen vertauscht hatte, um sie als die seinen ausgeben zu können), alles also, was er bisher erfunden hatte, war ein einziger imperativer Satz, von einem Arzt ausgesprochen.

»Kochend heißes Wasser – jede Menge kochend heißes Wasser.«

Das war eine gute Zeile. Sie war ihm – bereits völlig ausgereift – in den Sinn gekommen, als er das Script zum erstenmal gelesen hatte. Damals, in der Stummfilmzeit, hätte Pat sie als Zwischentitel verwendet und damit seinen Dialogsorgen ein schnelles Ende bereitet, aber er brauchte das eine oder andere gesprochene Wort für andere handelnde Personen. Nichts passierte.

31

»Kochend heißes Wasser«, wiederholte er bei sich, »jede Menge kochend heißes Wasser.«

Das Wort »kochend« rief bei ihm den schnellen und frohen Gedanken an die Kantine hervor. Auch Ehrerbietung spielte in diese Gedankenverbindung hinein, denn für einen alten Hasen wie Pat war es schon immer wichtiger gewesen, mit wem man beim Mittagessen an einem Tisch saß, als was man in seinem Büro diktierte. Dies war, wie er oft sagte, keine Kunstform, sondern eine Industrie.

»Dies ist keine Kunstform«, teilte er Max Leam mit, der in aller Ruhe auf dem Flur ein Eiswasser trank, »sondern eine Industrie.«

Max hatte ihm – gerade noch rechtzeitig – die rettenden drei Wochen verschafft.

»Sagen Sie mal, Pat, haben Sie schon irgendwas zu Papier gebracht?«

»Ich würde sagen, ich habe etwas, da...« Er beschrieb eine gebräuchliche biologische Funktion, und zwar mit der eher beunruhigenden Versicherung, dies alles werde in einem Lichtspielhaus stattfinden.

Max versuchte, den Grad seiner Ernsthaftigkeit abzuschätzen.

»Wollen Sie's mir gleich mal vorlesen?« fragte er.

»Noch nicht. Aber es hat wieder den alten Biß, falls Sie wissen, was ich damit meine.«

Max war voller Zweifel.

»Na, dann nur zu. Und wenn Sie auf irgendwelche medizinischen Probleme stoßen, fragen Sie den Arzt in der Ambulanz. Soll ja schließlich alles stimmen.«

Unübersehbar flackerte der Geist von Pasteur in Pats Augen.

»Es wird alles stimmen.«

Es war ein gutes Gefühl, mit Max über das Gelände zu wandeln; es war so gut, daß er beschloß, sich an die Fersen des Produzenten zu heften und neben ihm am Großen Tisch zu sitzen. Doch Max vereitelte diesen Plan, indem er »bis dann« gurrte und zum Friseur entwich.

Einst war Pat am Großen Tisch ein gewohnter Anblick gewesen; wie oft hatte er in der Blüte seiner Jugend mit den leitenden Herren in ein und derselben Kantine diniert! Da er noch zum Hollywood der ersten Stunde gehörte, verstand er ihre Witze, ihre Eitelkeiten, ihre Gesellschaftsordnung mit ihren flinken Wechselfällen. Aber jetzt waren zuviele neue Gesichter am Großen Tisch – Gesichter, die ihn mit dem umfassenden Argwohn Hollywoods anblickten. Und an den kleinen Tischen saßen die jungen Autoren, und die schienen ihre Arbeit schrecklich ernst zu nehmen. Und wenn man dann doch nur *irgendwo* saß – mit Sekretärinnen oder Komparserie zusammen –, konnte Pat sich gleich eine Stulle an der Ecke besorgen.

Er machte einen kleinen Abstecher zur Ambulanz und fragte nach dem Arzt. Ein Mädchen, eine Krankenschwester, gab ihm vom Waschbeckenspiegel aus Bescheid, vor welchem sie sich gerade hastig die Lippen nachzog: »Er ist nicht da. Worum geht es denn?«

»Oh. Dann komme ich später wieder.«

Jetzt war sie fertig und drehte sich um – lebendig und jung, ein tröstliches Lächeln auf den Lippen.

»Miss Stacey wird Ihnen helfen. Ich wollte essen gehen.«

Da war es wieder, das alte, alte Gefühl, ein Überbleibsel aus der Zeit, als er noch Gattinnen gehabt hatte, das Gefühl, es könne üble Folgen haben, wenn man diese kleine Schönheit zum Mittagessen einlud. Doch dann fiel ihm schnell ein, daß er im Augenblick gar keine Gattinnen hatte; sie hatten es beide aufgegeben, ihn wegen Unterhaltszahlung zu bedrängen.

»Ich bin gerade an einer Kittelschnulze«, sagte er. »Und da brauche ich Hilfe.«

»An einer Kittelschnulze?«

»Ja. Daran schreibe ich gerade. Die Sorte, wo ein Arzt drin vorkommt. Aber warten Sie mal – ich lasse für Sie ein Mittagessen springen. Und Sie geben mir dafür ein paar medizinische Auskünfte.«

Die Krankenschwester zögerte.

»Ich weiß nicht. Ich bin heute zum erstenmal auf dem Gelände.«

»Keine Bange«, beruhigte er sie. »Bei Filmgesellschaften geht es demokratisch zu; hier heißt jeder ›Joe‹ oder ›Mary‹ – von den großen Bossen bis zum letzten Komparsen.«

Dies stellte er in geradezu großartiger Manier unter Beweis, als sie zum Essen gingen und er einen männlichen Star begrüßte und zur Belohnung mit voller Namensnennung zurückgegrüßt wurde. Und in der Intendanz-Kantine setzten sie sich ganz nah an den Großen Tisch, und sein Produzent, Max Leam, blickte auf, machte eine kleine Geste, die Einverständnis ausdrücken mochte, und zwinkerte ihm zu.

Die Krankenschwester – sie hieß Helen Earle – spähte eifrig umher.

»Ich sehe ja gar keinen«, sagte sie. »Doch! Da ist

Ronald Colman. Ich hätte nie geglaubt, daß Ronald Colman so aussieht.«

Plötzlich zeigte Pat auf den Fußboden.

»Und da ist Mickey Mouse!«

Sie sprang auf, und Pat lachte über seinen Scherz, aber Helen starrte bereits wieder sternenäugig auf die kostümierten Komparsen, die die Kantine mit den Farben des Rokoko erfüllten. Pat war über ihr Interesse an diesen so überaus unwesentlichen Erscheinungen pikiert.

»Die großen Bosse sitzen hier, einen Tisch weiter«, sagte er feierlich und voller Wehmut. »Die Regisseure und alles, nur die ganz großen Bosse nicht. Für die würde Ronald Colman mit Kußhand Hosen bügeln. Normalerweise sitze ich auch da drüben, aber gegen Damen haben sie etwas. Das heißt, beim Essen haben sie etwas gegen Damen, sonst natürlich nicht.«

»Ach ja«, sagte Helen Earle, höflich, aber uninteressiert. »Ist es nicht wunderbar, Drehbuchautor zu sein? Das ist doch sicher sehr interessant.«

»Doch, doch. Hat durchaus etwas für sich«, sagte er . . . und seit Jahren hatte er ein Hundeleben geführt, dachte er.

»Was wollten Sie mich wegen des Arztes fragen?«

Schon wieder Arbeit. In Pats Geist klinkte irgend etwas aus, wenn er an seine Story dachte.

»Also, Max Leam – der Typ schräg gegenüber – Max Leam und ich haben ein Script über einen Arzt in der Mache. Verstehen Sie? So eine Art Krankenhausfilm?«

»Ich weiß.« Und einen Augenblick später fügte sie hinzu: »Deshalb bin ich ja auch Krankenschwester geworden.«

»Und wir wollen, daß alles *stimmt,* weil hundert Millionen Menschen sich den Streifen kritisch ansehen werden. Also. Der Arzt im ersten Entwurf sagt den anderen Typen, sie sollen Wasser kochen. Er sagt: ›Kochend heißes Wasser – jede Menge kochend heißes Wasser.‹ Und da haben wir uns gefragt, was die Leute nun als nächsten Schritt unternehmen werden.«

»Tja ... wahrscheinlich werden sie das Wasser abkochen«, sagte Helen, und dann sagte sie noch, von der Frage leicht verwirrt: »Was für Leute eigentlich?«

»Na, die Tochter von jemandem und der Mann, der da wohnte, und ein Rechtsanwalt, und der Verletzte.«

Helen versuchte, dies zu verarbeiten, bevor sie antwortete.

»... und noch ein Typ, aber den schneide ich raus«, vervollkommnete er seinen Satz.

Es entstand eine Pause. Die Kellnerin servierte Thunfisch-Sandwiches.

»Wenn ... wenn ein Arzt Anordnungen erteilt, dann sind das Anordnungen«, entschied Helen.

»Hm.« Pats Interesse hatte sich zu einer merkwürdigen kleinen Szene verlagert, die sich am Großen Tisch abspielte, und er fragte geistesabwesend: »Verheiratet?«

»Nein.«

»Ich auch nicht.«

Vor dem Großen Tisch stand ein Komparse. Ein russischer Kosak mit kühnem Schnurrbart. Er hatte die Hand auf die Lehne eines leeren Stuhls zwischen Regisseur Paterson und Produzent Leam gelegt.

»Ist hier noch frei?« fragte er mit schwerem zentraleuropäischen Akzent.

Plötzlich waren die Blicke aller, die um den Großen Tisch saßen, auf ihn gerichtet. So lange, bis alle annähmen, er sei ein bekannter Schauspieler. Er war es aber nicht; er trug eine der farbenfrohen Uniformen, die im Augenblick das Bild der Kantine beherrschten.

Einer von der Tischrunde sagte: »Besetzt.« Trotzdem zog sich der Mann den Stuhl heran und nahm Platz.

»Irgendwo muß der Mensch schließlich essen«, bemerkte er mit einem Grinsen.

Ein Erschauern ging von Tisch zu Tisch. Pat Hobby glotzte mit weit offenem Munde. Es war, als hätte jemand mit Bleistift Donald Duck aufs *Abendmahl* gemalt.

»Sehen Sie sich das an!« riet er Helen. »Was werden sie mit ihm machen? Meine Güte.«

Die bestürzte Stille, die auf dem Großen Tisch lastete, wurde durch den Produktionsleiter Ned Harman unterbrochen:

»Dieser Tisch ist reserviert«, sagte er.

Der Komparse blickte von seiner Speisekarte auf.

»Mir wurde gesagt, man kann sich überall hinsetzen.«

Er winkte einer Kellnerin; und sie zögerte, in den Gesichtern ihrer Vorgesetzten nach Antworten forschend.

»Komparsen essen hier nicht«, sagte Max Leam, immer noch höflich, »dies ist ein . . .«

»Essen muß ich was«, sprach störrisch der Kosak. »Ich habe sechs Stunden lang herumgestanden, als dieser himmelschreiende Stuß verbrochen wurde, und jetzt muß ich etwas essen.«

Das Schweigen hatte sich noch ausgebreitet –; Pat schien es, als schwebten alle daran Beteiligten in halber Manneshöhe durch die Luft.

Müde schüttelte der Kosak das Haupt.

»Wer diesen Mist verbrochen hat, weiß ich nicht«, sagte er, und Max Leam setzte sich in seinem Stuhl zurecht, »aber es ist die mit Abstand übelste Schote, die je in Hollywood gedreht wurde.«

An seinem Tisch fragte sich Pat, warum denn niemand etwas unternahm? Ihn niederschlug, vom Platz zerrte. Und wenn sie schon selbst nicht den Mumm dazu hatten, könnten sie wenigstens den Werkschutz alarmieren.

»Wer ist denn das?« Unschuldig folgte Helen Earle seinem Blick.

»Jemand, den man kennen sollte?«

Er lauschte aufmerksam der Stimme von Max Leam, und Ärger wallte in ihm auf.

»Steh auf, und mach, daß du weiterkommst, mein Junge, aber ein bißchen plötzlich!«

Die Miene des Komparsen verfinsterte sich.

»Wer sagt das?« wollte er wissen.

»Augenblick mal.« Max appellierte an die gesamte Tafelrunde. »Wo ist Cushman . . . Wo ist der Personalchef?«

»Wenn Sie mich rausschmeißen wollen«, sagte der Komparse, »genügt eine einzige falsche Bewegung«, und er hob den Griff seines Säbels über die Tischplatte, so daß ihn alle deutlich sehen konnten, »und Sie kriegen diesen hier übers Ohr gesemmelt. Ich kenne meine Rechte.«

Das Dutzend Männer, welches um den Tisch saß und je tausend Dollar pro Stunde repräsentierte, war wie vom Donner gerührt. Weit hinten an der Tür bekam einer der Werkschutzleute Wind von den Geschehnissen und begann, sich mit den Ellenbogen einen Weg durch die überfüllte Kantine zu bahnen. Und sehr bald war auch Big Jack Wilson zur Stelle, ebenfalls ein Regisseur, im Begriff, um den Großen Tisch herumzugehen.

Doch alle kamen zu spät –; Pat Hobby hatte es nicht mehr ausgehalten. Er war aufgesprungen und hatte ein schweres Serviertablett vom benachbarten Büfett gerissen. Mit zwei Sätzen hatte er den Brennpunkt des Geschehens erreicht und rammte das Tablett mit all der Stärke, die neunundvierzig Lenze zuließen, auf den Kopf des Komparsen. Der Komparse, der sich erhoben hatte, um Wilsons Androhungen besser gerüstet entgegentreten zu können, bekam den Schlag in voller Wucht auf Gesicht und Schädeldecke, und als er zusammenbrach, quollen dutzendweise rote Rinnsale unter der dick aufgetragenen Fettschminke hervor. Zwischen zwei Stühlen knallte er auf den Fußboden.

Über ihm stand Pat. Keuchend, das Tablett in Händen.

»Diese dreckige Ratte!« schrie er. »Der glaubt ja wohl, er kann sich hier alles . . .«

Der Mann vom Werkschutz kam herangedrängelt; Wilson schob sich ebenfalls näher; vom Nebentisch eilten zwei bestürzte Männer herbei, um die Situation zu überprüfen.

»Mensch, das war doch nur ein Gag!« brüllte einer von ihnen. »Das ist Walter Henrick, der Autor! Das ist sein Film.«

»Mein Gott!«

»Er wollte Max Leam einen Streich spielen. Das war ein Gag! Wenn ich's euch doch sage!«

»Bringt ihn weg . . . Holt einen Arzt . . . Obacht, dahinten!«

Nun war selbst Helen Earle alarmiert; Walter Henrick wurde auf ein Stück freien Kantinenfußbodens gezerrt, und alles gellte: »Wer war's? Wer hat ihn umgelegt?«

Pat ließ das Tablett auf einen Stuhl fallen, doch dieses Geräusch ging in der allgemeinen Verwirrung unter.

Er sah, wie Helen Earle sich behende mit einem Stapel sauberer Papierservietten am Kopf des Mannes zu schaffen machte.

»Aber warum haben sie *ihn* umgelegt?« rief jemand.

Pat versuchte, Max Leams Blick zu erhaschen, aber zufällig blickte Max gerade in eine ganz andere Richtung, und Pat empfand wieder jenes gewisse Gefühl. Das Gefühl hatte er immer, wenn er glaubte, es werde Unrecht getan. Er, in der Krise, ganz auf sich gestellt, er hatte *gehandelt*. Was ihn betraf, so hatte er wie ein Mann gewirkt, während sich diese Angeber beleidigen und verhöhnen ließen. Und nun dieses – nur, weil Walter Henrick mächtig und beliebt war, ein Mensch, der dreitausend die Woche wert war und die großen Shows in New York schrieb. Und dabei sollte man dann merken, daß das Ganze nur ein Gag ist?

Inzwischen war ein Arzt erschienen. Pat sah, wie er etwas zur Kantinenwirtin sagte, und ihre schrille Stimme sandte die Kellnerinnen wie Herbstlaub in die Küche.

»Kochend heißes Wasser – jede Menge kochend heißes Wasser!«

Wild und unwirklich stürmten diese Worte auf Pats bedrängte Seele ein. Doch obwohl er wußte, was als nächstes zu erwarten war, war es ihm unmöglich, den ersten Schritt zu tun.

PAT HOBBY UND DAS GENIE

I

Ich wußte, was auf mich zukommt, als ich Sie anforderte«, sagte Jack Berners, »aber es geht hier um einen Job, bei dem Sie sich möglicherweise nützlich machen könnten.«

Obwohl Pat Hobby nicht beleidigt war, weder als Mann noch als Autor, hielt er einen formellen Protest für angebracht.

»Ich bin seit fünfzehn Jahren in der Branche, Jack. Mein Name steht in mehr Vorspännen, als ein Hund Flöhe hat.«

»Ich hätte mich vielleicht anders ausdrücken sollen«, sagte Jack. »Ich meine ja auch nur, daß das schon lange her ist. Und was das Geld betrifft – wir zahlen Ihnen dasselbe wie Republic letzten Monat – dreifünfzig die Woche. Also. Haben Sie jemals etwas von René Wilcox gelesen?«

Der Name war ihm unbekannt. Pat hatte in der letzten Dekade kaum ein Buch aufgeschlagen.

»Sie ist nicht schlecht«, behauptete er kühn.

»Es handelt sich um einen Mann, um einen englischen Dramatiker. Er ist nur wegen seiner Gesundheit hier in L. A. Und nun haben wir seit einem Jahr einen russischen Ballettfilm in der Schmiede – drei lausige Rohentwürfe. Da haben wir vorige Woche René Wilcox unter Vertrag genommen; er schien uns der richtige Mann dafür.«

Pat überlegte.

»Ist der etwa . . .«

»Ich weiß es nicht, und ich will es auch nicht wissen«, unterbrach Berners scharf. »Wir können wahrscheinlich die Zorina ausborgen und wollen das Ganze deshalb ein bißchen beschleunigen: – gleich ein fertiges Drehbuch und nicht erst eine Rohfassung. Wilcox hat noch keine Erfahrung, und so sind wir auf Sie verfallen. Sie waren doch mal ein ganz guter Mann für Handlungsstruktur.«

»Ich *war* mal?«

»Schon gut, vielleicht sind Sie es immer noch.« Jack glühte vor flüchtiger Kameradschaft. »Suchen Sie sich ein Büro und tun Sie sich mit Wilcox zusammen.« Als Pat sich zum Gehen anschickte, rief er ihn zurück und drückte ihm eine Banknote in die Hand. »Zuallererst legen Sie sich mal einen neuen Hut zu. Sie waren doch früher so ein toller Hirsch bei den Sekretärinnen. Mit neunundvierzig gibt man doch noch nicht auf!«

Im Autorentrakt musterte Pat den Wegweiser in der Empfangshalle und klopfte dann an die Tür mit der Nummer 216. Es kam keine Antwort, aber er trat ein und entdeckte einen schlanken, blonden Jüngling von fünfundzwanzig Lenzen, der bedrückt aus dem Fenster starrte.

»Tag, René!« sagte Pat. »Ich bin Ihr Partner.«

Wilcox' Gesichtsausdruck verriet nicht, ob er ihn überhaupt wahrgenommen hatte, aber Pat fuhr aus übervollem Herzen fort: »Ich höre, wir sollen denen die Karre aus dem Dreck ziehen. Schon mal im Team gearbeitet?«

»Ich habe noch nie für den Film gearbeitet.«

Dies erhöhte zwar Pats Chancen auf eine Erwähnung im Vorspann, die er so sehr brauchte, bedeutete aber auch, daß er würde arbeiten müssen. Der bloße Gedanke daran machte ihn durstig.

»Das ist etwas völlig anderes als Theaterstückeschreiben«, gab er Wilcox mit angemessenem Nachdruck zu verstehen.

»Ja . . . ich habe ein Buch darüber gelesen.«

Fast hätte Pat gelacht. 1928 hatte er zusammen mit einem anderen Typ so eine Idiotenfalle ausgeheckt, *Wie schreibe ich ein Drehbuch?* Das Buch wäre auch gut gegangen, wenn nicht plötzlich der Tonfilm aufgekommen wäre.

»Es sieht doch eigentlich ganz einfach aus«, sagte Wilcox. Plötzlich nahm er seinen Hut vom Haken. »Ich hab's eilig.«

»Wollen Sie nicht mit mir über das Script sprechen?« fragte Pat. »Wie weit sind Sie denn schon?«

»Ich habe noch gar nicht daran gearbeitet«, sagte Wilcox bedächtig. »Berners, dieser Schwachkopf, hat mir irgendeinen Mist gegeben und gesagt, ich sollte von dort aus weitermachen. Es ist aber zu gräßlich.« Seine blauen Augen verengten sich. »Sagen Sie mal, was bedeutet ›Mikrogalgen‹ in der Regieanweisung?«

»Mikrogalgen? Das ist eine Aufnahme von oben.«

Pat beugte sich über den Schreibtisch und griff sich einen blau eingebundenen »Entwurf«. Auf dem Umschlag stand:

BALLETTSCHUHE
Ein Entwurf
von
Consuela Martin
Erste Fassung nach einer Idee
von Consuela Martin

Pat überflog Anfang und Ende.

»Mir wäre es lieber, wenn wir den Krieg irgendwo einbauen könnten«, sagte er mürrisch. »Die Tänzerin könnte doch Rotkreuzschwester werden und sich auf diese Weise regenerieren. Verstehen Sie, was ich meine?«

Er erhielt keine Antwort. Pat dreht sich um und sah, wie die Tür sich leise schloß.

Was soll das? fragte er sich. Wie soll man mit einem Menschen zusammenarbeiten, der einfach abhaut? Wilcox hatte sich nicht einmal angemessen entschuldigt – mit den Rennen in Santa Anita zum Beispiel.

Die Tür öffnete sich wieder, das Gesicht eines hübschen Mädchens zeigte sich leicht verängstigt einen Augenblick lang, sagte »Oh?« und verschwand. Dann kam es zurück.

»Ach, Sie sind das, Mr. Hobby!« rief sie. »Ich war auf der Suche nach Mr. Wilcox.«

Er versuchte krampfhaft, auf ihren Namen zu kommen, aber sie steuerte ihn von sich aus bei.

»Katherine Hodge. Ich war vor drei Jahren Ihre Sekretärin.«

Er wußte, daß sie einst für ihn gearbeitet hatte, aber im Augenblick konnte er sich nicht daran erinnern, ob das ein tiefergehendes Verhältnis gewesen war. Liebe war es wohl nicht gewesen – aber wie er sie jetzt so betrachtete, schien das ein Versäumnis gewesen zu sein.

»Setzen Sie sich«, sagte Pat. »Sind Sie Wilcox zugeteilt?«

»Ich dachte – er hat mir aber noch keine Arbeit gegeben.«

»Ich glaube, er spinnt«, sagte Pat düster. »Mich hat er gefragt, was ein Mikrogalgen ist. Vielleicht ist er krank . . . Deswegen ist er ja auch hier. Wahrscheinlich kotzt er uns als nächstes das ganze Büro voll.«

»Es geht ihm schon wieder besser«, warf Katherine schnell ein.

»Den Eindruck habe ich aber gar nicht. Kommen Sie mit in mein Büro. Heute nachmittag können Sie für *mich* arbeiten.«

Pat lag auf seiner Couch, während ihm Miss Katherine Hodge das Script von *Ballettschuhe* vorlas. Etwa in der Mitte der zweiten Sequenz schlief er ein, den neuen Hut auf der Brust.

II

Bis auf den Hut war dies genau die Stellung, in der er René am nächsten Vormittag um elf vorfand. Und so ging es drei Tage lang weiter: mal schlief der eine, mal der andere; oft schliefen beide. Am vierten Tage hielten sie mehrere Besprechungen ab, in deren Verlauf Pat wieder seine Vorstellung vom Kriege als regenerierender Anstalt für Balletteusen vortrug.

»Könnten wir einmal *nicht* über den Krieg sprechen?«

schlug René vor. »Meine beiden Brüder sind bei den Royal Guards.«

»Da haben Sie Glück, daß Sie hier in Hollywood sind.«

»Möglich.«

»Und was für eine Idee haben Sie für den Anfang?«

»So, wie er jetzt ist, gefällt mir der Anfang gar nicht. Er erfüllt mich mit nahezu physischem Ekel.«

»Also brauchen wir etwas anderes. Deshalb wollte ich doch den Krieg . . .«

»Ich komme noch zu spät zum Essen«, sagte René Wilcox. »Wiedersehen, Mike.«

Pat maulte Katherine Hodge an:

»Er kann mich nennen, wie er will, aber jemand muß diesen Film schreiben. Ich würde ja zu Jack Berners gehen und ihm alles sagen – aber ich glaube, dann fliegen wir beide hochkantig raus.«

Er kampierte zwei weitere Tage lang in Renés Büro und versuchte, ihn zu Aktionen zu provozieren, doch war ihm kein Erfolg beschieden. Am nächsten Tag vollends verzweifelt – der Dramatiker war nicht einmal im Studio erschienen –, nahm Pat. eine Benzedrin-Tablette und attackierte die Geschichte auf eigene Faust. Mit dem Entwurf in der Hand das Büro abschreitend, diktierte er Katherine, wobei er eine kurzgefaßte, von Vorurteilen entstellte Geschichte seines Lebens in Hollywood in Einsprengseln unter das Diktat mengte. Als der Tag zu Ende ging, hatte er zwei Seiten Manuskript.

Die folgende Woche war die härteste Woche seines Lebens –; keine freie Minute, um es bei Katherine Hodge wenigstens mal zu versuchen. Nach und nach geriet sein arg mitgenommener Leib in Bewegung. Morgens weckten ihn Benzedrin und mehrere Liter Kaffee, nachts ließ er sich von Whiskey narkotisieren. In den Füßen machte sich eine alte Nervenentzündung wieder bemerkbar, und während seine Nerven zu knistern begannen, entwickelte er einen Haß auf René Wilcox, der ihm als eine Art Ersatz-Energie diente. Er wollte das Script ganz allein fertigstellen und es Berners mit der Bemerkung überreichen, Wilcox habe keine einzige Zeile dazu beigetragen.

Aber es war zuviel; mit Pat war es bereits zu weit gediehen. Als er das Script zur Hälfte fertig hatte, hielt er es nicht mehr aus und unternahm einen vierundzwanzigstündigen Bummel –, um am nächsten Morgen ins Studio zurückzukehren und eine Notiz vorzufinden, die besagte, Mr. Berners wolle das fertige Script um vier sehen. Es war Pat elend und konfus zumute, als die Tür geöffnet wurde und René Wilcox eintrat, ein Typoscript in der einen, Berners' Nachricht in der anderen Hand.

»Alles klar«, sagte Wilcox. »Ich hab's fertig.«

»*Was?* Haben Sie ge*arbeitet?*«

»Ich arbeite immer nachts.«

»Was haben Sie gemacht? Einen Rohentwurf?«

»Nein, ein Drehbuch. Zuerst hatte ich noch zuviele persönliche Sorgen, aber dann war es ganz einfach. Man stellt sich einfach hinter die Kamera und fängt an zu träumen.«

Pat erhob sich entsetzt.

»Aber wir sollten doch zusammenarbeiten. Jack wird außer sich sein.«

»Ich arbeite schon immer allein«, sagte Wilcox freundlich. »Heute nachmittag erkläre ich es Berners.«

Pat war benommen. Wenn Wilcox' Script gut war?

Aber wie sollte ein erstes Script gut sein? Wilcox hätte es ihm zeigen können, während er daran arbeitete; *dann* hätte etwas Vernünftiges dabei herauskommen können.

Die Angst brachte seinen Geist auf Touren; seit er diesen Auftrag übernommen hatte, war dies sein erster eigener Einfall. Er rief in der Script-Abteilung an und forderte Katherine Hodge an. Als sie kam, sagte er ihr, was er von ihr wollte. Katherine zögerte.

»Ich will es doch nur *lesen*«, sagte Pat hastig. »Wenn Wilcox in seinem Büro ist, können Sie es natürlich nicht holen. Aber vielleicht ist er gar nicht da.«

Er wartete nervös. Nach fünf Minuten war sie mit dem Script zurück.

»Es ist noch nicht abgezogen und auch noch nicht gebunden«, sagte sie.

Er saß an der Schreibmaschine und tippte zitternd mit zwei Fingern einen Brief.

»Kann ich Ihnen helfen?« fragte sie.

»Suchen Sie mir einen neutralen Briefumschlag, eine gebrauchte Briefmarke und etwas Klebstoff.«

Pat klebte den Brief eigenhändig zu und gab seine Anweisungen:

»Lauschen Sie mal an Wilcox' Bürotür. Wenn er drin ist, schieben Sie den Brief unter der Tür durch. Wenn er weg ist, schnappen Sie sich einen Boten; der soll ihn ihm zustellen. Sagen Sie, er kommt aus der Expedition. Und dann verschwinden Sie besser für diesen Nachmittag vom Gelände. Damit er nichts merkt, kapiert?«

Als sie hinausging, wünschte Pat, er hätte eine Kopie des Briefes behalten. Er war stolz auf sein Werk –; es hatte einen Anklang authentischen Ernstes, der seinen Arbeiten sonst allzu oft fehlte.

»Lieber Mr. Wilcox:

Es tut mir leid, Ihnen mitteilen zu müssen, daß Ihre beiden Brüder heute vor dem Feind gefallen sind. Sie sind das Opfer einer Thompson-MPi mit hoher Reichweite geworden. Sie, Mr. Wilcox, werden jetzt unverzüglich in England gebraucht.

John Smythe
Britisches Konsulat, New York«

Doch Pat war klar, daß jetzt nicht die Zeit für Eigenlob war.

Er öffnete das Script von Wilcox.

Zu seiner namenlosen Verwunderung war es technisch perfekt. Überblendungen, Abblenden, Schnitte, Totalen und Fahrten waren völlig korrekt angegeben. Das machte alles viel einfacher. Er wandte sich wieder der ersten Seite zu und schrieb als Überschrift:

BALLETTSCHUHE
Zweite Fassung
von Pat Hobby und René Wilcox –,

doch das änderte er schnell um:

von René Wilcox und Pat Hobby

Dann brachte er in verbissener Arbeit mehrere Dutzend kleinerer Änderungen an. Er ersetzte das Wort »Verdufte!« durch »Geh mir aus den Augen!«, er schrieb »in der Bedrouille« statt »in Nöten«, und für »Das wirst du bereuen!« wählte er das treffende »Oder ich . . .!« Dann rief er in der Script-Abteilung an.

»Hier ist Pat Hobby. Ich habe mit René Wilcox an einem Script gearbeitet, und Mr. Berners möchte, daß es bis halb vier abgezogen ist.«

Damit hätte er eine Stunde Vorsprung vor seinem nichtsahnenden Mitarbeiter gewonnen.

»Ist es dringend?«

»Das will ich meinen.«

»Dann müssen wir mehrere Mädchen dafür einteilen.«

Pat vervollkommnete das Script weiter, bis der Bote erschien. Er wollte noch seinen Einfall mit dem Krieg einbauen, aber die Zeit drängte. Trotzdem befahl er dem Boten, sich zu setzen, während er mühevoll mit Bleistift auf die letzte Seite schrieb:

NAH: *Boris und Rita*
Rita: *Was kümmert uns das jetzt noch! Ich habe mich freiwillig als Rotkreuzschwester gemeldet.*
Boris (bewegt): *Der Krieg reinigt und regeneriert!*
(Er umarmt sie hitzig. Die Musik braust auf. AUSBLENDEN.)

Von seiner Anstrengung matt und erschöpft, brauchte er jetzt einen Drink, und so verließ er das Studiogelände und glitt vorsichtig in die Bar gegenüber, wo er einen Gin mit Wasser bestellte. Mit der ersten Glut des Alkohols kehrten warme Gedanken in seinem Hirn ein. Er hatte das, wozu man ihn angeheuert hatte, *fast* ausgeführt – obwohl er nun weniger die Handlungsstruktur als die Dialoge betreut hatte. Aber woran sollte Berners merken, daß die Struktur nicht von Pat stammte? Katherine Hodge würde nichts sagen – aus Angst, in die Sache verwickelt zu werden. Sie alle hatten schuld, am meisten jedoch René Wilcox, weil er sich geweigert hatte, das Spiel mitzuspielen. Er, Pat, hatte, so fand er, immer mitgespielt.

Er nahm noch einen Drink, kaufte sich Pastillen für reinen Atem und vergnügte sich noch ein Weilchen am Spielautomaten im Drugstore. Louie, der Studio-Buchmacher, fragte ihn, ob er an einem größeren Einsatz interessiert sei.

»Heute nicht, Louie.«

»Wieviel zahlen Sie dir, Pat?«

»Tausend die Woche.«

»Gar nicht übel.«

»Weißt du, viele von der Alten Garde sind wieder stark im Kommen«, prophezeite Pat. »In der Stummfilmzeit kriegte man doch noch die richtige Ausbildung –; die Regisseure filmten zackzack aus dem Ärmel und brauchten in Sekundenbruchteilen einen Gag. Was dagegen heutzutage verlangt wird, schafft jede trübe Tasse spielend. Jetzt beschäftigen sie schon englische Oberlehrer beim Film! Keine Ahnung, die Leute.«

»Wie wär's denn mit ein paar Moppen auf ›Quaker Girl‹?«

»Nein«, sagte Pat. »Heute nachmittag habe ich eine größere Sache fertigzumachen. Da will ich mich nicht auch noch mit Pferden belasten.«

Um Viertel nach drei kehrte er in sein Büro zurück und fand zwei Kopien seines Scripts mit strahlend neuem Einband vor.

BALLETTSCHUHE
von
René Wilcox und Pat Hobby
Zweite Fassung

Es beruhigte ihn, seinen Namen in Maschinenschrift zu sehen. Während er in Jack Berners' Vorzimmer wartete, hätte er die Reihenfolge am liebsten wieder geändert. Mit dem richtigen Regisseur konnte dies leicht ein zweites *It Happened One Night* werden, und wenn sein Name bei so etwas im Vorspann stand, dann bedeutete das drei bis vier Jahre des Luxus. Doch diesmal würde er sein Geld zusammenhalten – höchstens einmal die Woche nach Santa Anita –; dazu vielleicht noch ein Mädchen in der Machart von Katherine Hodge, das nicht gleich eine Traumvilla in Beverly Hills erwartet.

Berners' Sekretärin unterbrach seine Schwärmerei und sagte ihm, er könne jetzt hinein. Als er eintrat, sah er mit Genugtuung, daß ein Exemplar des neuen Scripts auf Berners' Schreibtisch lag.

»Waren Sie jemals«, fragte Berners unvermittelt, »bei einem Psychiater?«

»Nein«, gab Pat zu. »Aber ich glaube schon, daß ich mich in den Stoff einarbeiten könnte. Ist das ein neuer Auftrag?«

»Wohl kaum. Ich hatte nur den Eindruck, daß Sie sich nicht mehr ganz im Griff haben. Sogar ein Bagatelldiebstahl erfordert ein gewisses Maß an Geschicklichkeit. Ich habe gerade mit Wilcox telefoniert.«

»Wilcox muß verrückt sein«, sagte Pat aggressiv. »Ich habe doch von Wilcox nichts geklaut. Steht sein Name vorne drauf, oder steht sein Name nicht vorne drauf? Vor zwei Wochen habe ich die gesamte Struktur festgelegt – jede einzelne Szene. Eine ganze Szene habe ich sogar selbst geschrieben – am Schluß, die Sache mit dem Krieg.«

»Der Krieg, natürlich...«, sagte Berners, als dächte er an etwas ganz anderes.

»Aber wenn Ihnen natürlich Wilcox' Schluß besser gefällt...«

»Ja, sein Schluß gefällt mir besser. Ich habe noch nie einen Menschen erlebt, der diese Arbeit so schnell begriffen hat.« Er hielt inne. »Pat, seitdem Sie dieses Zimmer betreten haben, haben Sie ein einziges Mal die Wahrheit gesagt... Und das war, als Sie sagten, Sie hätten Wilcox nichts geklaut.«

»Habe ich auch nicht. Ich habe ihm Stoff *verschafft*.«

Doch es befiel ihn eine gewisse Ödnis, eine graue *malaise*, als Berners fortfuhr:

»Ich hatte Ihnen gesagt, daß wir drei Scripts haben. Sie haben ein altes benutzt, das wir vor einem Jahr auf den Müll geschmissen haben. Wilcox war in seinem Büro, und als Ihre Sekretärin aufkreuzte, hat er Ihnen eins geschickt. Schlau, was?«

Pat war sprachlos.

»Sehen Sie, die beiden mögen sich. Anscheinend hat sie letzten Sommer ein Theaterstück für ihn abgetippt.«

»Die mögen sich«, sagte Pat ungläubig. »Ich dachte, er ist...«

»Mal ganz ruhig, Pat. Sie hatten heute schon genug Ärger.«

»Das ist seine Schuld«, schrie Pat. »Er wollte nicht mit mir zusammenarbeiten... und die ganze Zeit...«

».. . hat er an einem hervorragenden Script geschrieben. Und wenn wir ihn überreden können, daß er hierbleibt und noch so eins schreibt, kann er soviel verlangen, wie er will.«

Mehr konnte Pat nicht ertragen. Er stand auf.

»Trotzdem vielen Dank, Jack«, stammelte er. »Rufen Sie meinen Agenten an, wenn sich was ergibt.« Dann stürzte er plötzlich und unerwartet zur Tür.

Jack Berners drückte auf der Gegensprechanlage die Taste des Firmenpräsidenten.

»Haben Sie schon mal reingeschaut?« fragte er mit einem Ton des Eifers.

»Es ist großartig. Besser, als Sie sagten. Wilcox ist gerade bei mir.«

»Haben Sie ihn unter Vertrag genommen?«

»Ich bin dabei. Anscheinend will er mit Hobby zusammenarbeiten. Reden Sie mal mit ihm.«

Wilcox' ziemlich hohe Stimme kam über den Draht.

»Ich muß diesen Mike Hobby haben«, sagte er. »Bin ihm ja so dankbar. Hatte einen Streit mit einer gewissen jungen Dame, aber heute hat Hobby uns wieder zusammengebracht. Außerdem will ich ein Stück über ihn schreiben. Also geben Sie ihn mir –; ihr braucht ihn doch sowieso nicht mehr.«

Berners sprach mit seinem Vorzimmer.

»Treiben Sie Pat Hobby wieder auf. Wahrscheinlich ist er in der Bar gegenüber. Wir setzen ihn wieder auf die Gehaltsliste, aber wir werden es bereuen.«

Er schaltete die Gegensprechanlage aus und schaltete sie gleich wieder ein.

»Ach, bringen Sie ihm auch seinen Hut mit. Er hat seinen Hut vergessen.«

PAT HOBBY UND ORSON WELLES

I

»Wer ist dieser Welles?« fragte Pat Louie, den Studio-Buchmacher. »In jeder Zeitung steht was über diesen Welles.«

»Das ist der Typ mit dem Bart«, erläuterte Louie.

»Klar. Daß er diesen Bart hat, weiß ich. Ist ja auch kaum zu übersehen. Aber was hat er sonst geleistet? Was hat er vollbracht, daß er jetzt hundertfünfzig Riesen pro Film verdient?«

Allerdings. Was? Hatte er, wie Pat, mehr als zwanzig Jahre in Hollywood verbracht? Hatte er etwa Erwähnungen im Vorspann, die den Betrachter erblinden lassen mußten? Und zwar über einen Zeitraum hinweg, der sich bis ... nun, bis vor fünf Jahren erstreckte, als die Erwähnungen seltener und dünner zu werden begannen?

»Die halten sich nicht lange«, tröstete Louie. »Wir haben erlebt, wie sie kamen; wir haben erlebt, wie sie wieder gingen. Stimmt's, Pat?«

Oh, doch. Aber inzwischen konnten sich jene, die im Schweiße ihres Angesichts im Weinberg des Herrn geschuftet hatten, glücklich preisen, wenn sie hin und wieder ein paar Wochen zu dreifünfzig das Stück abstauben konnten. Männer, die einst Gattinnen besessen hatten, Filipinos und Swimming-pools.

»Vielleicht ist es der Bart«, sagte Louie. »Vielleicht sollten wir uns beide einen Bart stehen lassen. Mein Vater hatte auch einen Bart, aber der hat ihn aus der Grand Street auch nicht rausgerissen.«

Durch alle Widrigkeiten hindurch hatte Pat sich die Gabe der Hoffnung bewahrt; und der wertvollste Verbündete der Hoffnung war die menschliche Nähe. Vor allen Dingen mußte man in der Nähe sein, wenn sich der verglaste, matte Geist eines Produzenten an der Frage »Wer?« festgehakt hatte. Also verließ Pat sogleich den Drugstore und überquerte die Straße, um sich auf das Filmgelände zu begeben, das seine Heimat war.

Als er durch einen Nebeneingang ging, stand ihm ein ungewohnter Werkschutzmann im Wege.

»Nur noch durch den Haupteingang.«

»Ich bin der Autor Hobby«, sagte Pat.

Der Kosak war nicht beeindruckt.

»Ausweis?«

»Ich stehe gerade zwischen zwei Filmen. Aber ich bin mit Jack Berners verabredet.«

»Haupteingang.«

Im Gehen sagte Pat Hobby noch: »Blöder Keystone-Cop!« Im Geiste schoß er die Sache mit ihm aus. Plopp! in den Bauch. Plopp! plopp! plopp!

Am Haupteingang sah er ebenfalls ein neues Gesicht.

»Wo ist Ike?« fragte Pat.

»Ike ist nicht mehr hier.«

»Macht nichts. Ike läßt mich immer durch.«

»Deswegen ist er auch nicht mehr hier«, sagte der Werkschutzmann einschmeichelnd. »Wer hat Sie herbestellt?«

Pat zögerte. Einen Produzenten störte er nicht gern.

»Rufen Sie in Jack Berners' Büro an«, sagte er. »Aber verlangen Sie nur seine Sekretärin.«

Eine Minute später unterbrach der Mann sein Telefonat.

»Worum geht's denn?« sagte er.

»Um einen Film.«

Er wartete auf eine Antwort.

»Um was für einen Film, will sie wissen.«

»Verdammt noch mal, dann eben nicht«, sagte Pat angewidert. »Hören Sie–: rufen Sie Louie Griebel an. Was soll denn plötzlich dieser ganze Quatsch?«

»Anordnung von Mr. Kasper«, sagte der Pförtner. »Letzte Woche ist ein Besucher aus Chicago in die Windmaschine gefallen . . . ja, hallo? Mr. Louie Griebel?«

»Ich spreche mit ihm«, sagte Pat und nahm den Hörer.

»Da kann ich auch nichts machen, Pat«, trauerte Louie. »Ich hatte heute morgen selbst Schwierigkeiten, daß sie meinen jungen Mann reinlassen. Irgendein junger Fatzke aus Chicago ist in die Windmaschine gefallen.«

»Was hat das mit mir zu tun?« fragte Pat mit Vehemenz.

Er ging, ein wenig rascher als gewöhnlich, an den Studiomauern entlang, dem Hintereingang entgegen. Zwar stand auch dort ein Wächter, aber hier herrschte ein ständiges Kommen und Gehen, und er schloß sich einer der Gruppen an. Wenn er erst einmal drin war, würde er Jack treffen und diesen absurden Bann abschütteln. Schließlich hatte er dies Gelände schon gekannt, als hier die ersten Schuppen errichtet wurden, als dies noch zur Wüste gerechnet wurde.

»Entschuldigung, Mister, gehören Sie zu dieser Gesellschaft?«

»Ich hab's eilig«, sagte Pat. »Ich habe meinen Ausweis verloren.«

»Ehrlich? Für meinen Geschmack könnten Sie auch ein Schnüffler sein.« Er hielt Pat eine aufgeschlagene Illustrierte unter die Nase: »Ich würde Sie nicht mal reinlassen, wenn Sie mir sagten, daß Sie dieser Orson Welles sind.«

II

Es gibt einen alten Chaplin-Film mit einer überfüllten Straßenbahn, und immer, wenn hinten einer einsteigt, muß vorne einer aussteigen. An den folgenden Tagen wurde Pats Geist von einem ähnlichen Bild heimgesucht, wann immer er an Orson Welles dachte. Welles war drin; Hobby war draußen. Noch nie hatte man das Studio vor Pat verschlossen gehalten, und obgleich Welles bei einer anderen Gesellschaft unter Vertrag stand, schien es Pat, als habe Welles ihn mit seinem massigen Körper, dreist aus dem Nichts hervorbrechend, durch das Portal hinausgestoßen.

»Was jetzt?« dachte Pat. Er hatte schon in anderen Studios gearbeitet, doch sie konnten ihm das eigene nicht ersetzen. In diesem Studio hatte er nie das Gefühl gehabt, stellungslos zu sein; in den – nicht lang zurückliegenden – Tagen der Bedrängnis hatte er in den Aufbauten das Requisiten-Essen genossen: einen halben kalten Hummer, während eine Szene von *The Divine Miss Carstairs* gedreht wurde; oft hatte er auf Requisiten geschlafen, und vorigen Winter hatte er einen Chester-field-Mantel aus dem Kostüm-Fundus in Betrieb genommen. Orson Welles hatte nicht das Recht, ihn aus alldem hinauszudrängen. Orson Welles sollte da blei-ben, wo er hingehörte: bei den ganzen anderen Snobs in New York.

Am dritten Tage war er außer sich vor Bitterkeit. Eine Notiz nach der anderen hatte er Jack Berners hin-aufgeschickt; sogar Louie hatte er gebeten, sich für ihn ins Mittel zu legen; und nun bekam er endlich den Bescheid, daß Jack nicht in der Stadt weile. Man hatte kaum noch Freunde. Trostlos stand er vor der Automo-bileinfahrt, und um ihn scharte sich ein Haufen glotzen-der Kinder. Endlich war das Ende gekommen.

Eine mächtige Limousine rollte heraus, und im Fonds erkannte Pat das große, verquollene Römergesicht von Harold Marcus. Das Auto rollte auf die Kinder zu und wurde langsamer, als eines der Kinder vor den Kühler lief. Der alte Mann sprach in sein Sprechrohr, und der Wagen hielt an. Blinzelnd lehnte er sich heraus.

»Gibt es hier denn keinen Polizisten?« fragte er Pat.

»Nein, Mr. Marcus«, sagte Pat schnell. »Unverant-wortlich. Ich bin Pat Hobby, der Autor . . . Könnten Sie mich vielleicht ein Stück mitnehmen?«

Damit hatte niemand gerechnet. Es war ein Akt der Verzweiflung, aber Pats Nöte waren beträchtlich.

Mr. Marcus musterte ihn genauer.

»Ah, ja, ich erinnere mich an Sie«, sagte er. »Steigen Sie ein.«

Höchstwahrscheinlich meinte er damit den Platz neben dem Chauffeur. Pat schloß einen Kompromiß, indem er hinten einen der Notsitze herunterklappte.

Mr. Marcus war einer der mächtigsten Männer der gesamten Filmwelt. Er machte keine eigenen Produktionen mehr. Meist verbrachte er seine Zeit damit, in D-Zügen von Küste zu Küste zu schaukeln, hier eine kleine Verbindung anknüpfend, dort eine kleine Trennung vollziehend, wie eine häufig geschiedene Frau.

»Diese Kinder werden sich eines Tages ernstlich verletzen.«

»Und ob, Mr. Marcus«, pflichtete Pat ihm herzhaft bei. »Mr. Marcus . . .«

»Die sollten hier einen Werkschutzmann postieren.«

»Genau, Mr. Marcus. Mr. Marcus . . .«

»Hm-m-m!« sagte Mr. Marcus. »Wo soll ich Sie absetzen?«

Pat stellte sich auf schnelles Handeln ein.

»Mr. Marcus, als ich noch Ihr Presseagent war . . .«

»Ich weiß«, sagte Mr. Marcus. »Sie wollten zehn Dollar mehr die Woche.«

»Dieses Gedächtnis!« schrie Pat voll Wonne. »Dieses Gedächtnis! Doch diesmal, Mr. Marcus, doch diesmal will ich gar nichts.«

»Ein Wunder.«

»Ich bin ein Mensch von bescheidenen Ansprüchen, müssen Sie wissen, und ich habe genug auf die hohe Kante gelegt, um mich zurückzuziehen.«

Schüchtern ließ er seine Schuhspitzen sehen. Gnädig verbarg der Chesterfield das übrige.

»Das würde mir auch gefallen«, sagte Mr. Marcus düster. »Eine Farm – aber mit Hühnern. Vielleicht noch einen kleinen Neun-Löcher-Golfplatz dabei. Aber nicht einmal einen Börsenticker.«

»Ich will mich zurückziehen, aber anders«, sagte Pat

ernst. »Der Film war mein Leben. Ich will sehen, wie er wächst und wächst ...«

Mr. Marcus stöhnte.

»Bis er platzt«, sagte er. »Sehen Sie sich Fox an! Ich habe um ihn geweint.« Er zeigte auf seine Augen. »Tränen!«

Pat nickte voller Mitgefühl.

»Ich wünsche mir nur eins.« Der vertrauliche Ton machte ungewohnter Redeweise Platz. »Ich sollte jederzeit das Gelände betreten dürfen. Wie nichts. Nur, um auf dem Gelände sein zu können. Das kann doch keinen stören. Nur, damit ich den jungen Leuten von Fall zu Fall ein bißchen behilflich sein kann.«

»Sprechen Sie mit Berners«, sagte Marcus.

»Er sagte, ich soll mit Ihnen sprechen.«

»Also wollten Sie doch was«, lächelte Marcus. »Na schön, mir soll's recht sein. Wo soll ich Sie jetzt absetzen?«

»Könnten Sie mir einen Passierschein schreiben?« bestürmte ihn Pat. »Nur eine kleine Notiz auf Ihrer Visitenkarte?«

»Ich werd's mir überlegen«, sagte Mr. Marcus. »Im Augenblick habe ich andere Sorgen. Ich muß auf einen Empfang.« Er seufzte tief. »Ich soll diesen neuen Orson Welles kennenlernen, der neuerdings in Hollywood ist.«

Pats Herz zuckte. Da war er wieder – dieser Name, unheilvoll und erbarmungslos, all seine Himmel wie eine schwarze Wolke überziehend.

»Mr. Marcus«, sagte er so ernst, daß ihm die Stimme bebte, »es würde mich nicht wundern, wenn Orson Welles die größte Bedrohung wäre, die Hollywood seit Jahren heimgesucht hat. Er kriegt hundertfünfzig Riesen pro Film, und es würde mich nicht wundern, wenn er so radikal wäre, daß man ganz neuartige Ausrüstungen anschaffen muß und nochmal völlig von vorn anfangen wie 1928, als der Ton aufkam.«

»Oh, mein Gott!« ächzte Mr. Marcus.

»Ich dagegen«, sagte Pat, »alles, was ich will, ist ein Passierschein und kein Geld; ich will ja nur, daß alles bleibt, wie es ist.«

Mr. Marcus griff nach seiner Brieftasche.

III

Für jene, die unter dem Rubrum »Talent« zusammengefaßt sind, ist die Atmosphäre eines Studios nicht unweigerlich von großem Glanz gekennzeichnet –; zu rasch finden die Übergänge zwischen hochgesteckten Hoffnungen und bitteren Wahrnehmungen statt. Nur wenige beschließen, es sei um ihre Arbeit aufs heiterste bestellt und sie seien mit Sicherheit ihr Geld wert –; die übrigen leben in einem Nebel des Zweifels, der Entdeckung ihrer unsäglichen Unzulänglichkeit stets gewärtig.

Pats Psychologie war – sonderbar genug – die der Herrschenden, und meist machte er sich keine Sorgen, obschon er auf keiner Gehaltsliste stand. Trotzdem befand sich ein dickes Haar in der Suppe: zum erstenmal im Leben spürte er einen Identitätsverlust. Aus Gründen, die er nicht ganz verstand, die sich aber gleichwohl bis zu jenem Gespräch zurückverfolgen lassen mochten, begann ihn eine Reihe von Leuten als »Orson« anzusprechen.

Nun ist es in jedem Fall nachlässig, die Identität zu verlieren. Sie aber an einen Feind zu verlieren, oder doch zumindest an jemanden, der zum Sündenbock für unsere Mißgeschicke geworden ist –: das ist mehr als hart. Pat war *nicht* Orson. Jede Ähnlichkeit konnte nur eine entfernte sein und an den Haaren herbeigezogen, und er war sich klar darüber. Das Ganze sollte nur darauf hinauslaufen, ihn als leicht exzentrisch abzustempeln, was das betraf.

»Pat«, sagte Joe, der Friseur, »heute war Orson da und sagte, ich soll ihm den Bart stutzen.«

»Ich hoffe, du hast ihn in Brand gesteckt«, sagte Pat.

»Habe ich.« Joe zwinkerte über einem heißen Handtuch dem Kunden zu. »Er sagte, ich soll die Spitzen absengen. Da habe ich ihm die ganze Matte abgenommen. Jetzt ist sein Gesicht so kahl wie deins. Du hast tatsächlich eine gewisse Ähnlichkeit mit ihm.«

An diesem Morgen waren die Sticheleien so allgegenwärtig, daß Pat, um ihnen zu entgehen, zu Mario's Bar hinübertrödelte. Er trank zwar nicht – das heißt, er trank nicht an der Bar, weil er bis auf die letzten dreißig Cents abgebrannt war, aber er erfrischte sich wiederholt aus einer Viertelliterflasche, die er in der Gesäßtasche mit sich führte. Er brauchte dieses Stimulans, denn er wollte ein kleines Darlehen aufnehmen, und er wußte, daß sich Geld leichter borgen ließ, wenn man nicht den Eindruck drückender Not erweckte.

Seine Beute, Jeff Boldini, war im Augenblick von wenig Nächstenliebe beseelt. Er war ebenfalls Maskenbildner, allerdings ein erfolgreicher, und eine gewisse bedeutende Dame der Leinwand hatte ihn gerade auf die Palme gebracht, indem sie eine Perücke kritisierte, die er für sie gemacht hatte. In aller Ausführlichkeit erzählte er Pat die Geschichte, und letzterer wartete ab, bis alles heraus war, bevor er das Gespräch auf sein Anliegen brachte.

»Kommt gar nicht in die Tüte«, sagte Jeff. »Verdammt noch mal, du hast mir ja noch nicht mal zurückgegeben, was ich dir letzten Monat geliehen habe.«

»Aber ich habe jetzt einen Job«, log Pat. »Das wäre jetzt nur zur Überbrückung. Morgen fange ich an.«

»Falls sie den Job nicht Orson Welles geben«, sagte Jeff humorvoll.

Pats Augen verengten sich, aber er brachte das höfliche Gelächter des Bittstellers zustande.

»Warte mal«, sagte Jeff. »Weißt du was: ich finde, du siehst so aus wie er.«

»Hmm.«

»Ehrlich. Auf jeden Fall könnte ich dich so hinkriegen. Ich könnte dir einen Bart bauen, mit dem du sein Double wärest.«

»Für keine fünfzig Riesen möchte ich sein Double sein.«

Jeff legte den Kopf schief und betrachtete Pat.

»Doch. Könnte ich«, sagte er. »Komm mit auf meinen Stuhl und laß mich mal versuchen.«

»Nie im Leben.«

»Komm schon. Ich würd's gern mal versuchen. Du hast sowieso nichts zu tun. Bis morgen arbeitest du doch noch nicht.«

»Ich will keinen Bart.«

»Der geht doch wieder ab.«

»Ich will keinen.«

»Du kriegst ihn aber doch gratis. Ich werde *dich* sogar

64

bezahlen ... Ich leihe dir die zehn Moppen, wenn ich dir einen Bart machen darf.«

Eine halbe Stunde später betrachtete Jeff sein Werk.

»Vollkommen«, sagte er. »Nicht nur der Bart, auch die Augen und alles.«

»Na bravo. Nun mach ihn mir wieder ab«, sagte Pat verdrießlich.

»Wozu die Eile? Ist doch eine astreine Matte. Das ist ein Kunstwerk. Da sollte man mal eine Kamera draufloslassen. Zu schade, daß du morgen arbeitest ... Bei den Außenaufnahmen von Sam Jones brauchen sie ein Dutzend Bärte, und einen hat die Sitte bei einer Schwulenfahndung hochgehen lassen. Jede Wette: mit der Matte würdest du den Job kriegen.«

Es waren Wochen vergangen, seitdem Pat das Wort »Job« gehört hatte, und er wußte selbst nicht, wie es ihm gelang zu existieren und zu essen. Jeff sah das Aufleuchten in seinem Auge.

»Was meinst du? Ich fahr einfach mal aus Spaß mit dir hin«, drang Jeff in ihn. »Ich möchte nur mal feststellen, ob Sam merkt, daß das eine falsche Matte ist.«

»Ich bin Autor und keine Knattercharge.«

»Komm schon! Hinter dem Ding erkennt dich doch keiner. Außerdem beziehst du nochmal zehn Flocken.«

Als sie die Maskenbildnerei verließen, blieb Jeff noch eine Minute in seiner Garderobe. Auf ein Stück Pappe schrieb er säuberlich in großen Blockbuchstaben mit Bleistift den Namen Orson Welles. Und draußen steckte er das Schild, ohne daß Pat es merkte, hinter die Windschutzscheibe seines Autos.

Er fuhr nicht direkt zum Gelände für die Außenaufnahmen. Statt dessen fuhr er ziemlich gemächlich die

Studio-Hauptstraße entlang. Vor dem Verwaltungsgebäude hielt er unter dem Vorwand, der Motor ziehe nicht richtig an, und in nahezu Nullkommanichts begann sich eine kleine, aber eindeutig interessierte Menschenmenge zu versammeln. Jeffs Pläne zielten jedoch nicht auf längere Aufenthalte ab, und so sprang er in den Wagen, und sie unternahmen eine Rundfahrt um die Intendanz.

»Wohin fahren wir?« wollte Pat wissen.

Er hatte bereits eine nervöse Anstrengung unternommen, sich den Bart vom Gesicht zu reißen, aber zu seiner Überraschung ging er nicht ab.

Darüber beschwerte er sich bei Jeff.

»Klar«, erläuterte Jeff. »Der ist auf Dauer gearbeitet. Du mußt ihn einweichen.«

Der Wagen hielt kurz vor der Tür zur Intendanz. Pat sah, wie ihn ausdruckslose Augen anstarrten, und ausdruckslos starrte er vom Rücksitz zurück.

»Man sollte meinen, ich sei der einzige Bart auf dem Gelände«, sagte er düster..

»Da siehst du, was Orson Welles durchmacht.«

»Soll sich zum Teufel scheren.«

Diese Unterhaltung hätte jene da draußen sicher in Erstaunen versetzt, denn für sie war er niemand geringerer als der wahre Hugo.

Jeff fuhr langsam weiter. Vor ihnen ging eine kleine Gruppe von Männern. Einer von ihnen drehte sich um, sah das Auto und lenkte die Aufmerksamkeit der anderen auf das Fahrzeug. Daraufhin warf das älteste Mitglied der Gruppe die Arme wie in einer abwehrenden Geste hoch und brach auf dem Trottoir zusammen, als der Wagen vorüberfuhr.

»Mein Gott, hast du das gesehen?« schrie Jeff. »Das war Mr. Marcus.«

Er hielt an. Ein aufgeregter Mann kam herangelaufen und steckte den Kopf durchs Wagenfenster herein.

»Mr. Welles, unser Mr. Marcus hat einen Herzanfall. Können wir ihn mit Ihrem Wagen ins Krankenhaus bringen?«

Pat glotzte. Dann öffnete er sehr schnell die Tür auf der anderen Seite des Wagens und stürzte davon. Nicht einmal der Bart konnte die Rasanz seiner Flucht mindern. Der Polizist am Tor, der diese Reinkarnation nicht erkannte, versuchte, ein paar Worte mit ihm zu wechseln, aber Pat schüttelte ihn mit der Leichtigkeit einer echten Dreierbegabung ab, ohne in seinem Lauf innezuhalten, bis er Mario's Bar erreicht hatte.

Am Tresen standen drei Komparsen mit Bart, und erleichtert drängte sich Pat in den Schutz der vereinten Schnauzhaare. Mit zitternden Fingern entnahm er seiner Tasche die schwerverdiente Zehndollarnote.

»Eine Runde«, rief er heiser. »Für jede Matte geb ich einen aus.«

Pat Hobbys Geheimnis

I

In Hollywood ist das Elend immer endemisch und akut. Kaum eine Führungskraft, an der nicht irgendein unlösbares Problem nagte, und auf demokratische Weise läßt sie jeden daran teilhaben, völlig kostenlos. Das Problem, sei es gesundheitlicher oder filmischer Natur, wird dann mit Mut angegangen, sowie mit Stoßseufzern im Gegenwert von ein- bis fünftausend die Woche. So werden Filme gemacht.

»Aber das hier macht mich fertig«, sagte Mr. Banizon, »denn wie kam die Bombe in den Koffer von Claudette Colbert oder Betty Field oder wen wir da nehmen? Das müssen wir erklären, damit es das Publikum glaubt.«

Er war im Büro von Louie, dem Studio-Buchmacher, und sein gegenwärtiges Publikum schloß auch Pat Hobby ein, jenen neunundvierzigjährigen altehrwürdigen Hilfstexter. Mr. Banizon erwartete von keinem von ihnen einen Vorschlag, aber er führte nun schon seit einer Woche Selbstgespräche über das Problem und konnte nicht so einfach damit aufhören.

»Welchen Autor haben Sie dafür?« fragte Louie.

»R. Parke Woll«, sagte Banizon angewidert. »Erst hatte ich nämlich den Anfang von einem anderen Autor gekauft. Eine großartige Idee, aber eben nur eine Idee.

Dann nehme ich mir R. Parke Woll, den Dramatiker, und wir setzen uns ein paarmal zusammen und entwikkeln die Sache. Dann, als das Ende schon in Sicht ist, platzt sein Agent dazwischen und sagt, er läßt Woll nicht weiterreden, wenn wir ihm keinen Vertrag geben –: acht Wochen zu $ 3000,–! Und ich brauchte ihn nur noch für einen Tag!«

Die Summe brachte ein Glänzen in Pats alte Augen. Vor zehn Jahren hatte er sich ebenfalls beseligt im Bereich eines solchen Gehalts aufgehalten –; jetzt war er froh, wenn er ein paar Wochen zu $ 250,– bekam. Sein schnell entflammtes und heftig loderndes Talent hatte für ein zweites Feuer nicht ausgereicht.

»Noch schlimmer ist, daß Woll mir den Schluß erzählt hat«, fuhr der Produzent fort.

»Worauf warten Sie dann noch?« wollte Pat wissen. »Dann brauchen Sie ihm keinen Cent zu zahlen.«

»Ich habe ihn vergessen!« stöhnte Mr. Banizon. »In meinem Büro klingelten zwei Telefone gleichzeitig –; der eine Anruf war von einem vielbeschäftigten Regisseur. Und während ich telefonierte, mußte Woll woandershin. Jetzt fällt mir der Schluß nicht mehr ein, und ich kriege Woll nicht mehr zurück.«

Perverserweise ließ Pats Rechtsempfinden ihn für den Produzenten Partei nehmen, nicht für den Autor. Banizon hatte Woll so gut wie ausgetrickst und war dann durch schnödes Pech um den Erfolg getrogen worden. Und nun nagelte der Stückeschreiber ihn mit der Unverschämtheit eines Ostküsten-Snobs auf vierundzwanzig Riesen fest. Schließlich war der europäische Markt verloren. Schließlich war Krieg.

»Und jetzt macht er die große Suffreise«, sagte Banizon. »Ich weiß das, weil ich ihn beschatten lasse. Es genügt wirklich, um einen in den Wahnsinn zu treiben ... Da hat man nun die ganze Geschichte und nur den Schluß nicht, der alles andere aufklärt. Was soll mir dann das Ganze?«

»Wenn er betrunken ist, quatscht er es vielleicht raus«, schlug Louie pragmatisch vor.

»Nicht bei mir«, sagte Mr. Banizon. »Ich habe auch schon daran gedacht, aber er kennt ja mein Gesicht.«

Nachdem er so das Ende seiner gegenwärtigen Sackgasse erreicht hatte, entschied sich Mr. Banizon für ein Pferd im dritten und eins im sechsten und schickte sich zum Gehen an.

»Ich habe eine Idee«, sagte Pat.

Mr. Banizon sah argwöhnisch in die roten alten Augen.

»Ich habe jetzt keine Zeit, sie mir anzuhören«, sagte er.

»Ich will nichts verkaufen«, beruhigte Pat ihn. »Mit Paramount stehe ich so gut wie vor einem Abschluß. Aber ich habe mal mit diesem R. Parke Woll zusammengearbeitet, und vielleicht könnte ich herausfinden, was Sie wissen wollen.«

Er verließ das Büro zusammen mit Mr. Banizon, und sie wanderten langsam über das Gelände. Eine Stunde später und im Besitz einer Vorausvergütung von fünfzig Dollar war Pat dazu angestellt, herauszufinden, wie eine Original-Bombe in Claudette Colberts Koffer oder in Betty Fields Koffer oder in wessen Koffer auch immer gelangt war.

Das Gefolge, mit dem R. Parke Woll jetzt die Stadt der Engel durchmaß, hätte in den zwanziger Jahren kein besonderes Aufsehen erregt; in den Vorsichtigen Vierzigern aber gellte es wie Gelächter beim Gottesdienst. Er war leicht zu verfolgen: in zwei Hotels hatte man um seine Abwesenheit gebeten, aber er hatte sich eine solche Routine angeeignet, daß er sein Schlafquartier in der Beuge seines Armes mit sich führte. Ein kleines, aber hellwaches Rudel von Ratten und Wieseln versorgte ihn auf seiner Reise mit moralischer Rückendeckung –, einer Reise, der sich Pat gegen zwei Uhr morgens in Conk's Old Fashioned Bar anschloß.

Conk's Bar war exklusiver als ihr Name; sie prunkte mit Zigarettenmädchen und einem Rausschmeißer/ Portier namens Smith, der sich seinerzeit eine volle Stunde lang gegen Tarzan White behauptet hatte. Mr. Smith war ein verbitterter Mensch, der seine Gefühle dadurch ausdrückte, daß er den Gästen, wenn sie kamen oder gingen, den Mittelfinger ins Gesäß rammte, und so wurde auch Pat begrüßt. Als er sich erholt hatte, entdeckte er R. Parke Woll in reichlich gemischter Gesellschaft an einem Tisch, und mit erstaunter Miene schlenderte er heran.

»Hallo, du Hübscher«, sagte er zu Woll. »Kennst du mich noch? – Pat Hobby.«

Mit einiger Schwierigkeit gelang es R. Parke Woll, die Brennweite seiner Augen auf ihn einzustellen, wobei er den Kopf erst auf die eine, dann die andere Seite neigte, ihn sinken und wieder hochschnappen ließ, um ihn schließlich wie eine Kobra, die einen offenherzigen

Schnappschuß macht, nach vorn zu schnellen. Offensichtlich war eine Abbildung zustande gekommen, denn er sagte:

»Pat Hobby! Setz dich, was trinkst du. Meineherrn, dies ist Pat Hobby, der beste linkshändige Drehbuchautor von Hollywood. Wie gehtsnso, Pat?«

Pat setzte sich, ringsum von mißtrauischen Blicken aus Raubtieraugen gemustert. War Pat ein alter Freund, ausgesandt, den Dramatiker nach Hause zu schaffen?

Pat bemerkte das und wartete eine halbe Stunde, bis er sich, allein mit Woll, auf der Toilette befand.

»Hör zu, Parke, Banizon läßt dich verfolgen«, sagte er. »Ich weiß nicht, warum er sowas macht. Louie hat mir das im Studio gesteckt.«

»Du weißt nicht, warum er das macht?« schrie Parke. »Ich weiß es. Ich habe etwas, was er will – darum!«

»Schuldest du ihm Geld?«

»Ich – und ihm Geld schulden. Das wär ja noch schöner; er schuldet *mir* Geld! Und zwar für drei lange, harte Konferenzen . . . Ich habe ihm einen ganzen verdammten Film entworfen.« Seine wenig zielstrebigen Finger tippten gegen verschiedene Stellen seiner Stirn. »Was er will, ist hier drin.«

Eine Stunde verging an dem turbulenten, orgiastischen Tisch. Pat wartete –; und dann, durch den langsamen, begrenzten Kreis, in dem es so üppig wucherte, kehrte Wolls Geist unfehlbar zum Thema zurück.

»Das Komische ist nämlich, daß ich ihm erzählt habe, wer die Bombe in den Koffer gesteckt hat und warum. Und dann hat es der Große Ordnende Geist vergessen.«

Pat hatte eine Inspiration.

»Aber seine Sekretärin weiß es noch.«

»Wirklich?« Woll war verdutzt. »Sekretärin . . . Da war keine Sekretärin.«

»Sie ist dann reingekommen«, versuchte es Pat unbehaglich.

»Na, dann muß er mich verdammtnochmal bezahlen, oder ich verklage ihn.«

»Banizon sagt, er hat eine bessere Idee.«

»Den Teufel hat er. Meine Idee war einsame Spitze. Hör zu . . .«

Er sprach zwei Minuten lang.

»Gefällt's dir?« fragte er. Er sah Pat beifallheischend an –; doch dann muß er in Pats Auge etwas gesehen haben, das er nicht erwartet hatte. »Du kleines Stinktier«, schrie er. »Du hast mit Banizon gesprochen . . . Er hat dich hergeschickt.«

Pat erhob sich und rannte wie ein Kaninchen zur Tür. Er hätte es auch bis auf die Straße geschafft, bevor Woll ihn einholen konnte, wenn Mr. Smith', des Portiers, Intervention nicht gewesen wäre.

»Wo wollen Sie hin?« wollte er wissen und packte Pat bei den Rockaufschlägen.

»Halten Sie ihn fest«, schrie Woll, der ihm nachgesetzt war. Er holte zu einem Schlag gegen Pat aus, der ihn verfehlte und voll im Munde von Mr. Smith landete.

Wir hatten bereits erwähnt, daß Mr. Smith ein sowohl verbitterter als auch kraftvoller Mensch war. Er ließ Pat fallen, hob R. Parke Woll an Hosenboden und Schulter empor, hielt ihn hoch in die Luft und ließ seinen Körper dann mit einem gigantischen Stoß zu Boden krachen. Drei Minuten später war Woll tot.

III

Außer bei großen Skandalen wie dem Arbuckle-Fall beschützt das Gewerbe die Seinen –; und Pat gehörte – wenn auch sporadisch – zum Gewerbe.

Am nächsten Morgen wurde er ohne Kaution aus dem Gefängnis freigelassen, und man brauchte ihn nur noch als Belastungszeugen. Immerhin war die Publicity von Vorteil; zum erstenmal in einem Jahr erschien sein Name in den Fachzeitschriften. Darüber hinaus war er der einzige lebende Mensch, der wußte, wie die Bombe in Claudette Colberts (oder Betty Fields) Koffer geraten war.

»Wann können Sie zu mir kommen?« sagte Mr. Banizon.

»Morgen nach dem Lokaltermin«, sagte Pat vergnügt. »Ich fühle mich irgendwie aufgewühlt; ich habe so komische Ohrenschmerzen.«

Auch das bedeutete Macht. Nur Leute, die »drin« waren, konnten über ihre Gesundheit sprechen, und man hörte ihnen zu.

»Woll hat es Ihnen wirklich gesagt?« forschte Banizon.

»Er hat es mir gesagt«, sagte Pat. »Und es ist mehr wert als fünfzig Scheine. Ich werd mir einen neuen Agenten besorgen, und wenn ich zu Ihnen ins Büro komme, bring ich ihn mit.«

»Ich sage Ihnen mal einen besseren Plan«, sagte Banizon hastig. »Ich setze Sie auf die Gehaltsliste. Vier Wochen zu Ihrem regulären Preis.«

»Was ist mein Preis?« erkundigte sich Pat finster. »Bisher habe ich alles gekriegt – von viertausend bis

null.« Und vielsagend fügte er hinzu: »Wie Shakespeare
sagt: ›Jeder Mann hat seinen Preis.‹«

Die Nager, die R. Parke Woll aufgewartet hatten,
waren mit ihrer bescheidenen Beute in ihren bequem
erreichbaren Rattenlöchern verschwunden und hinterlie-
ßen Mr. Smith als Beklagten, sowie Pat und zwei ver-
ängstigte Zigarettenmädchen als Zeugen. Mr. Smith
brachte zu seiner Verteidigung vor, er sei angegriffen
worden. Bei der Vernehmung bestätigte eines der Zigarettenmädchen seine Aussage; das andere mißbilligte
sein unnötiges Ungestüm. Als nächster war Pat Hobby
an der Reihe, aber bevor sein Name ausgerufen wurde,
zögerte er, denn von hinten sprach ihn eine Stimme an.

»Sie sagen was gegen meinen Mann, und ich reiß
Ihnen die Zunge mitsamt den Wurzeln raus.«

Ein wahrer Dinosaurier von einer Frau, volle ein
Meter achtzig groß und von breit angelegten Proportio-
nen, lehnte sich gegen seinen Stuhl.

»Pat Hobby, kommen Sie bitte nach vorn . . . So, Mr.
Hobby, nun erzählen Sie mal genau, was geschehen ist.«

Unheildrohend ruhten die Augen von Mrs. Smith auf
den seinen, und er fühlte, wie die Augen der Raus-
schmeißersgattin seinen Hinterkopf durchbohrten und
nach seiner Zunge forschten. Er war zutiefst von einem
ganz natürlichen Zögern durchdrungen.

»Ich weiß nicht genau«, sagte er, und dann, einer
schnellen Eingebung folgend: »Ich weiß nur noch, daß
alles weiß wurde!«

»*Was?*«

»Genau so war es. Ich sah weiß. So, wie andere Leute
rot oder schwarz sehen, habe ich weiß gesehen.«

Die Autoritäten berieten sich.

»Nun, was geschah denn, nachdem Sie das Restaurant betreten hatten . . . bis zu dem Zeitpunkt, als Sie weiß sahen?«

»Tja, ich . . .«, sagte Pat, um Zeit zu gewinnen. »So etwa war das alles. Ich kam rein und setzte mich, und plötzlich wurde alles schwarz.«

»Sie meinen weiß.«

»Schwarz *und* weiß.«

Es erhob sich allgemeines Gekicher.

»Der Zeuge wird nicht mehr gebraucht. Der Beklagte ist in Untersuchungshaft zu überführen.«

Die paar faulen Witze waren leicht zu ertragen, wenn soviel auf dem Spiel stand. Die ganze Nacht wurde er in seinen Träumen von einem reißenden Gebirgsbach, der die Ausmaße eines Amazonas hatte, heimgesucht, und er brauchte einen starken Drink, bevor er am nächsten Morgen in Mr. Banizons Büro erscheinen konnte. Einer der wenigen Hollywood-Agenten, die ihn noch nicht angenommen und wieder abgeschüttelt hatten, begleitete ihn.

»Die runde Summe von fünfhundert«, bot Banizon an. »Oder vier Wochen zu zweifünfzig für Arbeit an einem anderen Film.«

»Wie nötig brauchen Sie es denn?« fragte der Agent. »Mein Klient scheint zu finden, es sei dreitausend wert.«

»Von meinem eigenen Geld?« schrie Banizon. »Dabei ist es nicht einmal *seine* Idee. Jetzt, wo Woll tot ist, ist es Gemeineigentum.«

»Nicht ganz«, sagte der Agent. »Wie Sie bin ich der Meinung, daß Ideen sozusagen in der Luft liegen. Sie gehören dem, der sie gerade hat . . . wie Luftballons.«

»Also wieviel?« fragte Banizon angstvoll. »Woher soll ich wissen, daß er die Idee hat?«

Der Agent wandte sich an Pat.

»Sollen wir es ihn herausfinden lassen ... für tausend Dollar?«

Nach einem Augenblick nickte Pat. Etwas beunruhigte ihn.

»Na schön«, sagte Banizon. »Diese Spannung macht mich noch wahnsinnig. Tausend.«

Schweigen.

»Spucken Sie's aus, Pat«, sagte der Agent.

Noch immer kein Wort von Pat. Sie warteten. Als Pat endlich sprach, schien seine Stimme von weit her zu kommen.

»Alles ist weiß«, keuchte er.

»*Was?*«

»Tut mir leid ... alles ist weiß geworden. Ich kann es sehen ... weiß. Ich weiß noch, wie ich in die Pinte gekommen bin, aber danach wird alles weiß.«

Einen Augenblick lang dachten sie, er wolle es unnötig spannend machen. Dann wurde dem Agenten klar, daß Pat tatsächlich eine Gedächtnislücke hatte. R. Parke Wolls Geheimnis war für immer in Sicherheit.

Zu spät wurde es Pat klar, daß ihm tausend Dollar entglitten, und er versuchte verzweifelt, sich zu fangen.

»Jetzt fällt es mir wieder ein! Jetzt fällt es mir wieder ein! Irgendein Nazi-Diktator hat sie hineingetan.«

»Vielleicht hat sie das Mädchen selbst eingepackt«, sagte Banizon ironisch. »Für ihr Armband.«

Das unlösbare Problem nagte noch viele Jahre lang an Mr. Banizon. Und während er Pat mit finsteren Blicken musterte, wünschte er, man könne auf Autoren überhaupt verzichten. Wenn man Ideen doch aus der wenig kostspieligen Luft pflücken könnte!

PAT HOBBY, VERMEINTLICHER VATER

I

Die meisten Autoren sehen aus wie Autoren, ob sie wollen oder nicht. Schwer zu sagen, warum das so ist; denn sie trimmen ihr Äußeres grillenhaft auf Wall-Street-Börsianer, Rinderkönige oder englische Entdeckungsreisende hin. Trotzdem hat das nur den Erfolg, daß sie wie Autoren aussehen, und zwar so unverwechselbar typisiert wie »die Öffentlichkeit« oder »die Kriegsgewinnler« in politischen Karikaturen.

Pat Hobby war die Ausnahme. Er sah nicht aus wie ein Autor. Und nur in einem einzigen Winkel der Republik hätte man ihn als Mitglied der Welt des Entertainment identifizieren können. Und sogar dort wäre die erste Vermutung gewesen, es handle sich bei ihm um einen vom Pech verfolgten Komparsen oder um eine Charge, die sich auf die Art Vater spezialisiert, die *niemals* hätte nach Hause kommen sollen. Ein Autor aber war er: er hatte bei mehr als zwei Dutzend Drehbüchern mitgearbeitet, von denen allerdings, wie wir zugeben müssen, die meisten vor 1929 datierten.

Ein Autor? Er hatte einen Schreibtisch im Autorentrakt auf dem Studiogelände; er hatte Bleistifte, Papier, eine Sekretärin, Büroklammern, einen Notizblock für Aktennotizen. Und er saß auf einem üppig gepolsterten Sessel, mit Augen, die gar nicht einmal so sehr blutunterlaufen waren, und las die tägliche Ausgabe des *Reporter.*

»Ich muß mich an die Arbeit machen«, sagte er um elf zu Miss Raudenbush. Und noch einmal um zwölf:

»Ich muß mich an die Arbeit machen.«

Um viertel vor eins begann er sich hungrig zu fühlen –; bis zu diesem Punkt war noch jeder Schritt, oder besser jeder Augenblick korrekt in der Autorentradition. Sogar einschließlich der matten Entrüstung darüber, daß ihn niemand belästigt hatte, niemand ihn geärgert, daß niemand den langen, leeren Traum gestört hatte, aus dem sein durchschnittlicher Tag bestand.

Er schickte sich gerade an, seiner Sekretärin vorzuwerfen, sie starre ihn an, als die willkommene Unterbrechung kam. Ein Fremdenführer der Filmgesellschaft klopfte an seine Tür und brachte ihm eine Notiz von seinem Boss, Jack Berners:

Lieber Pat: Nimm Dir bitte frei und führe diese Leute auf dem Gelände herum.
Jack

»Mein Gott!« rief Pat aus. »Wie kann man von mir erwarten, daß ich gleichzeitig meine Arbeit fertigkriege und Leute auf dem Gelände herumführe? Wer ist es denn?« wollte er von dem Führer wissen.

»Ich weiß nicht. Einer der beiden scheint irgendwie ein Farbiger zu sein. Er sieht aus wie die Komparsen, die sie bei Paramount für *Bengal Lancer* hatten. Er spricht kein Englisch. Der andere ...«

Pat zog seinen Mantel an, um es selbst herauszufinden.

»Brauchen Sie mich heute nachmittag noch?« fragte Miss Raudenbush.

Er blickte sie mit unendlichem Tadel an und verließ den Autorentrakt durch den Haupteingang.

Die Besucher waren schon da. Der eine schwitzte, er war groß und von edler Statur, und bis auf einen Turban trug er einen vorzüglichen englischen Anzug. Der andere war ein junger, ziemlich hellhäutiger Mensch von fünfzehn Jahren. Er trug ebenfalls einen Turban, sehr schön geschnittene Jodhpur-Reithosen und eine Reitjacke.

Sie verbeugten sich förmlich.

»Ich höre, Sie wollen sich ein paar Dreharbeiten ansehen«, sagte Pat. »Sind Sie Freunde von Jack Berners?«

»Bekannte«, sagte der Jüngling. »Darf ich Sie meinem Onkel vorstellen: Sir Singrim Dak Raj.«

Wahrscheinlich, dachte Pat, heckte die Filmgesellschaft einen *Bengalischen Lanzenreiter* aus, und dieser Mann sollte den Schurken spielen, dem der Khaiber-Paß gehört. Vielleicht zogen sie auch Pat heran – zu dreifünfzig die Woche. Warum eigentlich nicht? Er wußte, wie man diesen Kram schreibt:

Schöne lange Einstellung. Die Schlucht. Hinter Felsen ein Eingeborener. Er schießt.

Halbtotale. Eingeborener wird von Kugel getroffen und fällt kopfüber in die Schlucht. (Stuntman benutzen)

Halbtotale. Lange Einstellung. Das Tal. Britische Soldaten ziehen eine Kanone hervor.

»Bleiben Sie lange in Hollywood?« fragte er listig.

»Mein Onkel spricht nicht Englisch«, sagte der Junge mit maßvoller Stimme. »Wir sind nur ein paar Tage hier. Sehen Sie . . . Ich bin Ihr vermeintlicher Sohn.«

».. . und ich würde gern Bonita Granville sehen«, fuhr der Junge fort. »Ich habe gehört, Ihre Filmgesellschaft hat sie ausgeborgt.«

Sie waren auf dem Weg zu den Produktionsbüros gewesen, und Pat brauchte eine Minute, bis er begriff, was der junge Mann gesagt hatte.

»Sie sind mein was?« fragte er.

»Ihr vermeintlicher Sohn«, sagte der junge Mann in einer Art Singsang. »Juristisch bin ich der Sohn und Erbe des Radschah Dak Raj Indore. Aber geboren wurde ich als John Brown Hobby.«

»Ja?« sagte Pat. »Machen Sie weiter! Worum geht's denn?«

»Meine Mutter war Delia Brown. Sie haben sie im Jahre 1926 geheiratet. Und 1927 ließ sie sich von Ihnen scheiden, als ich erst ein paar Monate alt war. Später nahm sie mich mit nach Indien und heiratete dort meinen gegenwärtigen juristischen Vater.«

»So«, sagte Pat. Sie hatten die Produktionsbüros erreicht. »Sie wollen Bonita Granville sehen.«

»Ja«, sagte John Hobby Indore. »Wenn es keine Umstände macht.«

Pat studierte den Drehplan an der Wand.

»Mal sehen«, sagte er gewichtig. »Wir können ja mal nachsehen.«

Als sie sich zu Studio 4 aufmachten, explodierte er.

»Was soll das heißen: ›mein vermeidlicher Sohn‹? Ich freue mich natürlich, Sie zu sehen und alles, aber sagen Sie mal, sind Sie wirklich das Kind, das Delia 1926 gekriegt hat?«

»Ver*meint*lich«, sagte John Indore. »Damals waren Sie juristisch mit ihr verheiratet.«

Er wandte sich an seinen Onkel und sprach schnell auf Hindustani, woraufhin sich letzterer vorbeugte, Pat einer kühlen Prüfung unterzog und kommentarlos die Schultern hob. Das Ganze erfüllte Pat mit vagem Unbehagen.

Als er die Intendanz zeigte, wollte John dort anhalten, »um dem Onkel einen Hot dog zu kaufen«. Es schien, daß Sir Singrim eine Passion für, sie auf der Weltausstellung in New York entwickelt hatte, von der sie gerade gekommen waren. Morgen wollten sie sich nach Madras einschiffen.

».. . und ob ich nun«, sagte John schwermütig, »Bonita Granville sehen kann oder nicht. Ich will sie gar nicht unbedingt *kennen*lernen. Ich bin zu jung für sie. Nach unseren Maßstäben ist sie bereits eine alte Frau. Aber ich würde sie gern *sehen*.«

Es war einer jener Tage, die gar nicht gut sind, wenn man Leute herumführen soll. Nur einer der Regisseure, die heute drehten, war ein Oldtimer, bei dem Pat mit einer Begrüßung rechnen konnte –; und an der Studiotür bekam er den Bescheid, daß der Star ständig den Text durcheinanderschmiß und die Räumung des Studios verlangt hatte.

Verzweifelt brachte er seine Schützlinge zu den Außenbauten am hinteren Ende des Geländes und ging mit ihnen die falschen Fassaden entlang; Schiffe und Städte und Dorfstraßen und mittelalterliche Tore –; ein Anblick, der dem Jungen ein gewisses Interesse abgewann, den Sir Singrim jedoch enttäuschend fand. Jedesmal, wenn Pat sie um die Kulisse herumführte, um zu demonstrieren, daß alles unecht war, wechselte Sir Singrims Gesichtsausdruck und zeigte Enttäuschung und leichte Verachtung.

»Was sagt er?« fragte Pat die Frucht seiner Lenden, nachdem Sir Singrim eifrig einen Juwelierladen auf der 5th Avenue betreten hatte, um dort nichts als Bauschutt vorzufinden.

»Er ist der drittreichste Mann in Indien«, sagte John. »Es widert ihn an. Er sagt, er kann sich nie wieder mit Genuß einen amerikanischen Film ansehen. Er sagt, er will eine unserer Filmgesellschaften in Indien kaufen und jede Kulisse so solide machen wie das Tadj Mahal. Er sagt, wahrscheinlich haben die Schauspielerinnen ebenfalls falsche Fassaden, und deshalb wollen Sie uns keine zeigen.«

Der erste Satz hatte eine Art Glockenspiel in Pats Kopf zum Klingen gebracht. Wenn es etwas gab, was er mochte, dann war das ein schönes Stück Geld – nicht diese elenden, unsicheren zweifünfzig pro Woche, mit denen er sich die Freiheit erkaufte.

»Ich werde Ihnen was sagen«, sagte er mit raschem Entschluß. »Wir versuchen es in Studio 4 und werfen einen Blick auf Bonita Granville.«

Studio 4 war doppelt verschlossen und gesperrt, und zwar für den ganzen Tag; der Regisseur haßte Besucher, und außerdem war es ein »process«-Studio. »Process« war der Gattungsname für Trickphotographie; alle Studios wetteiferten darin miteinander und lebten in beständiger Angst vor Spionen. Genauer bedeutete es, daß eine Projektionsmaschine einen bewegten Hintergrund auf eine transparente Leinwand warf. Auf der anderen Seite der Leinwand wurde eine Szene gedreht und vor diesem bewegten Hintergrund aufgezeichnet. Der Projektor auf der einen Seite der Leinwand und die Kamera auf der anderen Seite konnten so synchronisiert werden, daß als Resultat ein Star vor einer teilnahmslosen Menge auf der 42nd Street auf dem Kopf stehen konnte – ein *echter* Star vor einer *echten* Menschenmenge –, und das arme Auge konnte nur folgern, daß man es getäuscht hatte, ohne je recht herauszubekommen, wie.

Pat versuchte, es John zu erklären, aber John spähte hinter dem Gewirr von verknäulten Seilen und Eimern, in dem sie sich versteckt hatten, nach Bonita Granville. Sie waren nicht durch den Haupteingang gekommen, sondern durch eine kleine Seitentür für technisches Personal, die Pat kannte.

Vom langen Ausflug durch das hintere Gelände ermattet, nestelte Pat ein Halbliter-Flakon von seiner Hüfte und bot sie Sir Singrim an, welcher ablehnte. John bot er sie nicht an.

»Hemmt das Wachstum«, sagte er feierlich und nahm einen langen Zug.

»Ich möchte nichts«, sagte John würdevoll.

Plötzlich war er hellwach. Er hatte keine sechs Meter von ihnen entfernt sein Idol entdeckt, das noch zaubrischer war als Shiwa – ihren Rücken, ihr Profil, ihre Stimme. Dann entfernte sie sich wieder.

Pat beobachtete sein Gesicht und war ziemlich gerührt.

»Wir können noch näher ran«, sagte er. »Vielleicht können wir in diese Ballsaal-Kulisse. Die wird gerade nicht gebraucht; über den Möbeln sind Schonbezüge.«

Auf Zehenspitzen brachen sie auf, Pat an der Spitze,

dann Sir Singrim, dann John. Als sie sich behutsam anschlichen, hörte Pat das Wort »Licht« und blieb wie angewurzelt stehen. Dann, als ihnen ein blendend weißer Glanz in die Augen stach, und als die Stimme »Ruhe! Aufnahme!« rief, begann Pat zu rennen, und die anderen folgten ihm schnell durch die weiße Stille.

Die Stille dauerte nicht an.

»*Schnitt!*« kreischte eine Stimme. »Was soll denn das, verdammt nochmal zum Teufel auch!«

Aus dem Blickwinkel des Regisseurs war etwas geschehen, das, für den Augenblick, unerklärlich schien. Drei gigantische Silhouetten, zwei von ihnen mit gewaltigen indischen Turbanen angetan, waren durch etwas hindurchgetanzt, was eine Hafenstadt in Neu-England hatte sein sollen; sie waren in eine »process«-Aufnahme getappt. Prinz John Indore hatte Bonita Granville nicht nur gesehen –, er hatte mit ihr im selben Film gespielt. Der Schattenriß seines Fußes schien auf wunderbare Weise durch ihren blonden Kopf zu tauchen.

III

Sie verbrachten längere Zeit auf der Wache des Werkschutzes, bevor Jack Berners benachrichtigt werden konnte, der nicht auf dem Gelände war. So hatten sie Muße, sich in aller Ruhe zu unterhalten. Das geschah in Form einer längeren Ansprache von Sir Singrim an John, die letzterer – ihren Ton, nicht ihren Inhalt mildernd – für Pat übersetzte.

»Mein Onkel sagt, sein Bruder möchte etwas für Sie

tun. Er dachte, vielleicht, wenn Sie ein großer Schriftsteller wären, könnte er Sie in sein Königreich einladen, damit Sie seine Lebensgeschichte schreiben.«

»Ich habe nie behauptet . . .«

»Mein Onkel sagt, Sie sind eine Schmach von einem Schriftsteller; in Ihrem eigenen Land ließen Sie es zu, daß er von diesen Polizeihunden berührt wurde.«

»Ach, Quatsch«, murmelte Pat unbehaglich.

»Er sagt, meine Mutter habe Ihnen immer wohlgewollt. Aber jetzt ist sie eine hohe und heilige Frau und darf Sie nie wieder sehen. Er sagt, wir werden in unsere Kammern im Ambassador Hotel gehen und meditieren und beten und Ihnen mitteilen, was wir entschieden haben.«

Als sie wieder frei waren und die beiden Moguln von einem Firmen-Ja-Sager unter Entschuldigungen an ihren Wagen geleitet wurden, schien es Pat, als sei die Entscheidung bereits ziemlich endgültig gefallen. Er war wütend. Um seinem Sohn einen kurzen Blick auf Bonita Granville zu verschaffen, hatte er jetzt wahrscheinlich den Job verloren; obwohl er davon noch nicht so recht überzeugt war. Beziehungsweise war er davon überzeugt, daß er ihn, wenn die Woche vorüber war, ohnehin verloren hätte. Bei allem Pech jedoch erinnerte er sich ganz klar an eine Begebenheit dieses Nachmittags, nämlich die Bemerkung, Sir Singrim sei »der drittreichste Mann in Indien«, und nach dem Mittagessen in einer Bar auf der La Cienega Avenue beschloß er, zum Ambassador Hotel zu gehen und das Resultat von Gebet und Meditation herauszufinden.

Die erste Dunkelheit eines Septemberabends hatte sich herabgesenkt. Für Pat war das Ambassador voller

Erinnerung – der Coconut Grove in den großen Tagen, als Regisseure am Nachmittag hübsche Mädchen fanden und in der Nacht Stars aus ihnen machten. Vor dem Portal herrschte etwas Gewimmel, und Pat beobachtete es müßig. Solche Mengen Gepäck hatte er selten gesehen, nicht einmal im Gefolge von Gloria Swanson oder Joan Crawford. Er schreckte auf, als er zwei oder drei Männer mit Turbanen sah, die sich an den Koffern zu schaffen machten. Aha: man ließ ihn im Stich.

Sir Singrim Dak Raj und sein Neffe Prinz John, die sich beide, wie auf Kommando, Handschuhe anzogen, erschienen in der Tür, als Pat aus der Dunkelheit auftauchte.

»Schlagt euch in die Büsche, was?« sagte er. »He, wenn ihr nach Hause kommt, könnt ihr ausrichten, daß ein einziger Amerikaner es spielend mit . . .«

»Ich habe Ihnen eine Nachricht hinterlassen«, sagte Prinz John, sich von seinem Onkel ab- und ihm zuwendend. »Ich finde, Sie waren heute nachmittag sehr nett, und es war alles sehr schade.«

»Kann man wohl sagen«, bestätigte Pat.

»Aber wir werden für Sie sorgen«, sagte John. »Nach unseren Gebeten haben wir beschlossen, daß Sie monatlich fünfzig Sovereign erhalten sollen – zweihundertfünfzig Dollar –, und zwar bis ans Ende Ihres natürlichen Lebens.«

»Was soll ich dafür tun?« fragte Pat argwöhnisch.

»Die Zahlungen werden nur eingestellt, falls . . .«

John beugte sich vor und flüsterte in Pats Ohr, und Erleichterung kroch in Pats Augen. Die Bedingung hatte nichts mit Alkohol und Blondinen zu tun, hatte wirklich mit ihm persönlich gar nichts zu tun.

John begann, in die Limousine zu steigen.

»Lebewohl, vermeintlicher Vater«, sagte er, schon fast mit Zuneigung.

Pat stand da und sah ihm nach.

»Lebwohl, mein Sohn«, sagte er. Er beobachtete die Limousine, bis sie nicht mehr zu sehen war. Dann wandte er sich ab und kam sich vor wie ... wie Stella Dallas. Er hatte Tränen in den Augen.

Vermeintlicher Vater ... was immer das bedeuten mochte. Nach einiger Überlegung fügte er bei sich hinzu: besser als gar kein Vater.

IV

Er erwachte spät am nächsten Nachmittag mit einem frohen Kater ... dessen Ursache er nicht bestimmen konnte, bis die Stimme des jungen John in seine Ohren zu springen schien; sie wiederholte: »Fünfzig Sovereigns im Monat, unter einer Bedingung: die Zahlungen werden im Kriegsfall eingestellt, denn dann gehen alle Steuereinkünfte unseres Staates an das Britische Empire.«

Mit einem Aufschrei sprang Pat zur Tür. Vor der Tür lag keine *Los Angeles Times*, auch kein *Examiner* –, nur *Toddy's Daily Form Sheet*, seine Rennzeitung. Hastig blätterte er die orangefarbenen Seiten um. Unter den Tabellen, den letzten Resultaten, den endlosen Orakeln für endlose Rennbahnen verfing sich sein Blick in einer zweieinhalb Zentimeter hohen Nachricht:

LONDON, 3. SEPTEMBER. NACH CHAMBERLAINS ERKLÄRUNG HEUTE MORGEN KABELT UNS DOUGIE: »ENGLAND AUF SIEG, FRANKREICH AUF FELD, RUSSLAND AUSSENSEITER.«

SEE THE STARS AT HOME

Unter einem großen gestreiften Sonnenschirm auf dem Bürgersteig eines Boulevards während einer Hitzewelle in Hollywood saß ein Mann. Der Mann hieß Gus Venske (mit dem bekannten Läufer weder verwandt noch verschwägert), und er trug magentarote Hosen, kirschrote Schuhe und einen Sportbekleidungsartikel aus der Vine Street, der nichts anderem stärker ähnelte als einem blauen Pyjama-Oberteil.

Gus Venske war weder meschugge, noch war seine Kleidung dem Ort und seiner Zeit unangemessen. Er hatte einen Beruf; an einem Stab neben dem Schirm war ein Plakat angebracht:

BESUCHEN SIE DIE STARS DAHEIM

Das Geschäft ging schlecht, sonst hätte Gus jenen nicht sehr erfolgreich wirkenden Mann nicht angesprochen, der neben einem keuchenden, dampfenden Auto auf der Straße stand und besorgt beobachtete, wie es Anstalten machte, abzukühlen.

»Hallo, Kumpel«, sagte Gus ohne große Hoffnung. »Wollen Sie mal die Stars daheim besuchen?«

Die rotgeränderten Augen des Beobachters wandten

sich vom Auto ab und hefteten sich herablassend auf Gus.

»Ich bin beim Film«, sagte der Mann, »ich bin selbst beim Film.«

»Schauspieler?«

»Nein. Autor.«

Pat Hobby wandte sich wieder seinem Auto zu, welches pfiff wie eine Rangierlokomotive. Er hatte die Wahrheit gesagt – oder doch das, was einst die Wahrheit gewesen war. In den alten Tagen war sein Name oft auf der Leinwand die wenigen Sekunden lang aufgeblitzt, die man der geistigen Urheberschaft zumaß, aber in den letzten fünf Jahren waren seine Dienste immer seltener in Anspruch genommen worden.

Bald darauf machte Gus Venske seinen Laden über Mittag dicht, indem er seine Mappen und Stadtpläne in eine Aktentasche steckte, sie unter den Arm klemmte und davonging. Da die Sonne mit jedem Augenblick heißer wurde, suchte Pat Hobby Zuflucht unter dem schwachen Schutz des Schirms und inspizierte eine angeschmutzte Mappe, die Mr. Venske fallen gelassen hatte. Wäre Pat nicht bis auf seine letzten vierzehn Cents abgebrannt gewesen, hätte er eine Reparaturwerkstatt angerufen; aber so, wie die Dinge standen, konnte er nur warten.

Etwas später kam eine Limousine mit einem Nummernschild von Missouri neben ihm zum Stehen. Hinter dem Chauffeur saßen ein kleiner Mann mit weißem Schnurrbart und eine große Frau mit kleinem Hund. Sie besprachen sich einen Augenblick lang miteinander, und dann lehnte sich die Frau etwas verschämt aus dem Auto und richtete das Wort an Pat.

»Welche Stars kann man denn daheim besuchen?«
fragte sie.

Er brauchte einen Moment, bis das eingedrungen war.

»Ich meine, können wir zu Robert Taylor nach Hause
und zu Clark Gable und Shirley Temple . . .«

»Ich glaube schon, wenn man Sie reinläßt«, sagte Pat.

»Weil . . .«, fuhr die Frau fort, ». . . wenn wir die
allerbesten Häuser besuchen könnten, die exklusiv-
sten . . . dann wären wir bereit, mehr zu bezahlen als
Ihren regulären Preis.«

Pat begann es zu dämmern. Hier war sie, die Kombi-
nation: weiche Birne und harte Währung. Hier war
Hollywoods liebster Traum: der Einstieg. Wenn man
den richtigen Einstieg hatte, bedeutete das: Mahlzeiten
bei Brown Derby, lange Nächte mit Flaschen und Mädchen, einen neuen Reifen für sein altes Auto. Und hier
war ein Einstieg, der sich geradezu aufdrängte.

Er erhob sich und ging zur Limousine.

»Klar. Das könnte ich vielleicht arrangieren.« Wie er
so sprach, fühlte er den Stachel des Zweifels. »Wäre es
Ihnen möglich, im voraus zu bezahlen?«

Das Ehepaar tauschte einen Blick aus.

»Wie wär's: Wir geben Ihnen jetzt fünf Dollar«,
sagte die Frau, »und noch einmal fünf Dollar, wenn wir
Clark Gable oder jemanden in der Art zu Hause besuchen können.«

Es hatte Zeiten gegeben, da wäre so etwas ganz leicht
gewesen. Als er noch jung und knackig war, als er noch
jährlich zwölf oder fünfzehn Erwähnungen im Vorspann hatte, da hätte Pat viele Leute anrufen können,
und die hätten gesagt: »Klar, Pat, wenn dir das was
gibt.« Aber jetzt fiel ihm nur noch eine Handvoll Men-

schen ein, die ihn wirklich wiedererkannten und auf dem Gelände mit ihm sprachen – Melvyn Douglas und Robert Young und Ronald Colman und Young Doug. Die er am besten gekannt hatte, hatten sich zurückgezogen oder waren verstorben.

Und er wußte nur vage, wo die neuen Stars wohnten, aber er hatte bemerkt, daß mehrere Dutzend Namen und Adressen auf die Mappe getippt waren. Mit Bleistift waren Besuchszeiten hinzugefügt.

»Sie können natürlich nicht erwarten, daß jemand zu Hause ist«, sagte er, »vielleicht arbeiten sie gerade im Studio.«

»Das verstehen wir.« Die Dame musterte Pats Auto und wandte schnell den Blick ab. »Wir fahren besser mit unserem Wagen.«

»Klar.«

Pat stieg vorne beim Chauffeur ein und versuchte, schnell zu denken. Der Schauspieler, der am nettesten mit ihm sprach, war Ronald Colman; sie hatten zwar nie mehr als konventionelle Begrüßungen ausgetauscht, aber er konnte ja so tun, als versuche er, Colman an einer Geschichte zu interessieren.

Besser noch: Colman war wahrscheinlich nicht zu Hause, und Pat konnte es vielleicht deichseln, daß seine Kunden sich kurz im Haus umsahen. Das Ganze konnte man dann vielleicht in Robert Youngs Haus wiederholen und danach in Young Dougs Haus und dann bei Melvyn Douglas. Bis dahin hätte die Dame sicher Gable vergessen, und der Nachmittag wäre überstanden.

Er sah auf der Mappe nach, welche Adresse Ronald Colman hatte und sagte dem Chauffeur die Richtung.

»Wir kennen eine Frau, die sich mit George Brent zusammen fotografieren ließ«, sagte die Dame, als sie losfuhren, »Mrs. Horace J. Ives jr.«

»Sie ist unsere Nachbarin«, sagte ihr Gatte. »Sie wohnt am Rose Drive 372 in Kansas City. Und wir wohnen in der Nummer 327.«

»Sie hat sich mit George Brent zusammen fotografieren lassen. Wir haben uns immer gefragt, ob sie dafür bezahlen mußte. Ich weiß natürlich nicht, ob ich so weit gehen würde. Ich weiß nicht, was sie zu Hause dazu sagen würden.«

»Ich glaube nicht, daß wir so weit gehen wollen«, stimmte ihr Gatte zu.

»Wohin fahren wir zuerst?« fragte die Dame behaglich.

»Ich mußte sowieso mit ein paar Leuten sprechen«, sagte Pat. »Ich habe mit Ronald Colman etwas zu besprechen.«

»Oh, er ist einer unserer Favoriten. Kennen Sie ihn gut?«

»Doch, doch«, sagte Pat. »Ich bin nicht fest angestellt. Ich springe heute nur für einen Freund ein. Ich bin Autor.«

Wohl wissend, daß dem Publikum keine drei Drehbuchautoren geläufig waren, benannte er sich als den Autor mehrerer nicht lange zurückliegender Erfolge.

»Das ist ja hochinteressant«, sagte der Mann. »Ich kannte auch mal einen Autor – diesen Upton Sinclair oder Sinclair Lewis. Kein übler Bursche, auch wenn er Sozialist war.«

»Warum schreiben Sie jetzt gerade an keinem Film?« fragte die Dame.

»Tja, wissen Sie, wir streiken gerade«, erfand Pat. »Wir haben eine Sache namens Screen Playwriters' Guild, und jetzt streiken wir eben.«

»Oh.« Argwöhnisch starrten sie diesen Sendboten Stalins auf dem Vordersitz ihres Wagens an.

»Wofür streiken Sie denn?« fragte der Mann unbehaglich.

Pats politische Bildung war rudimentär. Er zögerte.

»Och, bessere Lebensbedingungen«, sagte er schließlich, »Bleistifte und Papier gratis. Ich weiß nicht . . . steht alles im Wagner-Erlaß.« Nach einer kurzen Pause fügte er vage hinzu: »Und daß Finnland anerkannt wird.«

»Ich wußte gar nicht, daß Autoren auch Gewerkschaften haben«, sagte der Mann. »Naja. Wer schreibt denn die Filme, wenn Sie streiken?«

»Die Produzenten«, sagte Pat bitter. »Deshalb sind sie so lausig.«

»Na, das klingt ja alles äußerst merkwürdig.«

Ronald Colmans Haus kam in Sichtweite, und Pat schluckte unbehaglich. Vor dem Grundstück stand ein funkelnder neuer offener Tourenwagen.

»Ich gehe besser mal vor«, sagte er. »Ich meine, wir wollen ja nicht . . . in einen Familienkrach hineinplatzen oder so.«

»Hat er manchmal Familienkrach?« fragte die Dame eifrig.

»Ach, wissen Sie . . . Sie wissen ja, wie die Menschen sind«, sagte Pat mit gütiger Milde. »Ich finde jedenfalls, ich sollte erst mal die Lage peilen.«

Der Wagen hielt. Pat holte tief Luft und stieg aus. Im selben Augenblick wurde die Haustür geöffnet, und

Ronald Colman eilte den Kiesweg herunter. Pats Herz setzte einen Herzschlag lang aus, als der Schauspieler in seine Richtung blickte.

»Hallo, Pat«, sagte er. Offensichtlich hatte er keine Ahnung, daß es sich bei Pat um einen Besucher handelte, denn er sprang in sein Auto, und das Geräusch des Motors übertönte Pats Antwort, als er davonfuhr.

»Aha, er hat Sie ›Pat‹ genannt«, sagte die Frau beeindruckt.

»Ich glaube, er hatte es eilig«, sagte Pat. »Aber vielleicht können wir uns sein Haus ansehen.«

Auf dem Kiesweg übte er eine Ansprache ein. Er hatte gerade mit seinem Freund Mr. Colman gesprochen und die Erlaubnis erhalten, sich ein wenig umzutun.

Aber das Haus war abgeschlossen und verrammelt, und niemand reagierte auf sein Klingeln. Er mußte es bei Melvyn Douglas versuchen, dessen Begrüßung, wenn man es recht bedachte, doch etwas wärmer war als die von Ronald Colman. Auf jeden Fall war das Vertrauen, das ihm seine Kunden entgegenbrachten, jetzt auf ein solides Fundament gebaut. Das »Hallo, Pat« klang vertrauenerweckend in ihren Ohren nach; fast hatten sie den Zauberkreis schon betreten.

»Jetzt wollen wir's bei Clark Gable versuchen«, sagte die Dame. »Ich möchte zu gern Carole Lombard sagen, was sie mit ihrer Frisur falsch macht.«

Die Majestätsbeleidigung ließ Pats Magen schrumpfen. Er hatte Clark Gable einmal im Gedränge gesehen, es gab aber keinen Grund zu der Annahme, daß sich Mr. Gable daran erinnerte.

»Nun, wir könnten es zuerst bei Melvyn Douglas versuchen und dann bei Bob Young oder auch bei Young

Doug. Das liegt alles auf unserem Weg. Gable und Lombard wohnen nämlich weit draußen im St. Joaquin Valley.«

»Oh«, sagte die Dame enttäuscht. »Ich wäre so gern mal nach oben gegangen und hätte mir ihr Schlafzimmer angesehen. Na schön, als nächstes würden wir dann gern Shirley Temple sehen.« Sie sah ihren kleinen Hund an. »Das würde Boojie sicher auch am besten gefallen.«

»Sie haben da ziemliche Angst vor Kidnappern«, sagte Pat.

Im Innersten aufgewühlt, zog der Mann seine Visitenkarte hervor und überreichte sie Pat.

DEERING R. ROBINSON
Vizepräsident und Vorsitzender
des Aufsichtsrates
Robdeer Food Products

»Klingt *das*, als wollte ich Shirley Temple kidnappen?«

»Sie müssen halt sichergehen«, sagte Pat entschuldigend. »Wenn wir bei Melvyn gewesen sind . . .«

»Nein . . . Wir wollen *jetzt* zu Shirley Temple«, beharrte die Frau.

»Wirklich! Ich habe Ihnen doch gleich gesagt, was ich will.«

Pat zögerte.

»Zuerst müssen Sie mich in irgendeinem Drugstore absetzen, damit ich telefonieren kann.«

In einem Drugstore tauschte Pat einige der fünf Dollars in einen Viertelliter Gin um und nahm hinter einer hohen Theke zwei lange Züge zu sich; danach bedachte er die Lage. Er konnte natürlich Mr. und Mrs. Robinson unverzüglich ihrem weiteren Geschick überlassen; immerhin hatte er ihnen für ihre fünf Scheine Ronald Colman vorgeführt, einschließlich Ton. Andererseits *wäre* es ja möglich, daß sie Miss Temple erwischen, wenn sie gerade kommt, oder wenn sie gerade geht ... und für einen angenehmen Tagesverlauf morgen in Santa Anita brauchte er zusätzliche fünf Scheine. Mit der Wärme des Gins hob sich sein Mut, und nachdem er zur Limousine zurückgekehrt war, gab er dem Chauffeur die Adresse.

Doch als sie sich dem Haus Temple näherten, sank ihm der Mut wieder, denn er sah, daß es einen hohen eisernen Zaun gab und ein elektrisches Tor. Und brauchten Fremdenführer nicht eine Lizenz?

»Hier nicht«, sagte er schnell zum Chauffeur. »Ich habe mich geirrt. Ich glaube, es ist ein Haus weiter, oder zwei oder drei Häuser weiter.«

Er entschied sich für ein weitläufiges Herrenhaus inmitten eines offenen Rasens, gebot dem Chauffeur anzuhalten, stieg aus und ging zur Tür. Für den Augenblick hatte er zwar verloren, aber er konnte wenigstens eine Geschichte mit zurückbringen, um sie zu besänftigen ... Miss Temple hatte, zum Beispiel, Mumps. Er konnte ihnen von der Straße aus ihr Krankenzimmer zeigen.

Auf sein Klingeln regte sich nichts, aber er sah, daß die Tür ein wenig offenstand. Vorsichtig drückte er sie auf. Er starrte in einen menschenleeren Salon von fürstlichen Ausmaßen. Er lauschte. Weit und breit niemand, keine Schritte im ersten Stock, kein Gemurmel aus der

Küche. Pat nahm noch einen Schluck Gin. Dann eilte er flink zur Limousine zurück.

»Sie ist im Studio«, sagte er schnell. »Aber wenn wir leise sind, können wir den Salon besichtigen.«

Eifrig stiegen die Robinsons und Boojie aus und folgten ihm. Der Salon hätte Shirley Temples Salon sein können, er hätte so manchem in Hollywood gehören können. Pat sah in einer Ecke eine Puppe und machte alle darauf aufmerksam, und Mrs. Robinson hob sie auf, sah sie träumerisch an und zeigte sie Boojie, der sie gleichgültig beschnupperte.

»Könnte ich Mrs. Temple kennenlernen?« fragte sie.

»Oh, sie ist nicht da ... niemand ist zu Hause«, sagte Pat – unvorsichtigerweise.

»*Nie*mand. Oh ... in dem Fall würde ich so gern einen ganz kleinen, kurzen Blick in ihr Schlafzimmer werfen.«

Bevor er antworten konnte, war sie die Treppe hinaufgelaufen. Mr. Robinson folgte, und Pat wartete unbehaglich in der Halle, bereit, beim leisesten Geräusch entweder einer Ankunft draußen oder eines Aufruhrs oben zu fliehen.

Er leerte die Flasche, versorgte sie höflich unter einem Sofakissen, kam zu dem Schluß, der Ausflug in den ersten Stock heiße, das Schicksal allzu übermütig herausfordern, und folgte seinen Kunden nach oben. Auf der Treppe hörte er Mrs. Robinson.

»Aber da ist ja nur *ein* Kinderzimmer. Ich dachte, Shirley hat noch Brüder.«

Ein Fenster bei der Wendeltreppe blickte auf die Straße hinaus, und Pat sah ein großes Auto am Bordstein halten. Ihm entstieg eine Hollywooder Berühmtheit, die, obschon sie nicht zu jenen gehörte, welchen Mrs. Robinson nachstellte, keiner anderen an Prestige und Macht nachstand. Es war der alte Mr. Marcus, der Produzent, dessen Pressechef Pat Hobby vor zwanzig Jahren gewesen war.

Nunmehr verlor Pat den Kopf. Blitzartig malte er sich eine ausführliche Erklärung aus, seine Anwesenheit betreffend. Man würde ihm nicht verzeihen. Man würde seine gelegentlichen Wochen im Studio vollends tilgen, und ein weiteres *finis* würde unter seine ohnehin fast völlig beendete Karriere geschrieben. Er machte sich – zielstrebig und behende – davon, die Treppe hinunter, durch die Küche und durch die hintere Gartentür; die Robinsons überließ er ihrem Schicksal.

Er empfand ein vages Mitleid mit ihnen, als er schnell den nächsten Boulevard entlangschritt. Er konnte sehen, wie Mr. Robinson seine Karte hervorzog, die ihn als Oberhaupt der Robdeer Food Products auswies. Er konnte Mr. Marcus' Skepsis sehen, und das Eintreffen der Polizei, er konnte sehen, wie Mr. und Mrs. Marcus nach Waffen durchsucht wurden.

Damit wäre es dann zwar wahrscheinlich ausgestanden –; die Robinsons jedoch würden wegen seines Betruges wütend auf ihn sein. Sie würden der Polizei erzählen, wo sie ihn aufgesammelt hatten.

Plötzlich begann er, die Straße hinunterzuwanken; aus seiner Stirn perlte verschwenderisch der Gin. Er hatte sein Auto neben Gus Venskes Sonnenschirm stehenlassen. Und jetzt fiel ihm noch ein Anhaltspunkt ein, und er hoffte, daß Ronald Colman sich nicht an seinen Nachnamen erinnerte.

PAT HOBBY SPIELT MIT

I

Wenn man Geld mit einer gewissen Anmut borgen will, muß man Zeitpunkt und Ort sorgfältig wählen. Es ist zum Beispiel ein schwieriges Unterfangen, wenn der Bittsteller schielt, oder wenn er die Masern hat oder ein auffälliges blaues Auge. Man könnte diese Aufzählung noch beliebig fortsetzen, aber all die verschiedenen Bedingungen von böser Vorbedeutung kann man in einem einzigen Umstand zusammenfassen: es ist ausgesprochen schwierig, Geld zu borgen, wenn man es dringend braucht.

Pat Hobby fand das Unternehmen in diesem Fall besonders heikel; er wollte einen Schauspieler auf offener Szene anpumpen, während gerade ein Film gedreht wurde. Dies drohte, der härteste Job seiner Laufbahn zu werden, aber es würde sein Auto retten. Dem gewinnsüchtigen Auge eines merkantil eingestellten Betrachters mochte die alte Karre nicht als erhaltenswert gelten, aber der großen Entfernungen in Hollywood wegen war es für jeden, der der schreibenden Zunft angehörte, ein unentbehrliches Werkzeug.

»Die Kreditanstalt . . .«, erläuterte Pat, aber Gyp McCarthy unterbrach ihn.

»Ich habe in der nächsten Einstellung zu tun. Willst du, daß ich die verpatze?«

»Ich brauche nur zwanzig«, beharrte Pat. »Ich kriege doch keine Aufträge, wenn ich in meinem Schlafzimmer herumhänge.«

»Dadurch würdest du aber Geld sparen; Aufträge kriegst du eh nicht mehr.«

Das war grausam, aber wahr. Doch ob er nun arbeitete oder nicht; Pat liebte es, seine Tage in einem Studio oder in der Nähe eines Studios zu verbringen. Er hatte nun das schmerzliche und unsichere Alter von neunundvierzig Jahren erreicht und sonst nichts zu tun.

»Ich rechne damit, daß ich nächste Woche etwas zum Umschreiben bekomme«, log er.

»So siehst du aus«, sagte Gyp. »Verschwinde lieber von der Szene, bevor Hilliard dich sieht.«

Pat warf einen nervösen Blick auf die Leute bei der Kamera. Dann spielte er seine Trumpfkarte aus.

»Ich habe ...«, sagte er, »ich habe dir mal eine Entbindung bezahlt.«

»Allerdings!« sagte Gyp voller Zorn. »Das war vor sechzehn Jahren. Und wo ist das Baby jetzt? Im Knast, weil es ohne Führerschein eine alte Dame überfahren hat!«

»Ich habe aber gezahlt«, sagte Pat. »Zweihundert Scheine.«

»Das ist nichts, verglichen damit, was es mich kostet. Würde ich in meinem Alter noch als Stuntman arbeiten, wenn ich Geld zu verleihen hätte? Würde ich überhaupt arbeiten?«

Irgendwo in der Dunkelheit gab ein Regie-Assistent einen Befehl:

»Können wir?«

Pat sprach schnell.

»Na, gut«, sagte er. »Fünf!«

»Nein.«

»Auch gut«, Pats rotgeränderte Augen verengten sich. »Dann stelle ich mich da drüben hin und verhexe dich mit dem Bösen Blick, wenn du deine Zeile sagst.«

»Ach, um Himmels willen«, sagte Gyp unbehaglich. »Hör zu, ich geb' dir fünf. Drüben, in meinem Mantel. Augenblick, ich hol' das Geld.«

Er eilte von der Szene, und Pat entrang sich ein Seufzer der Erleichterung. Vielleicht könnte er von Louie, dem Studio-Buchmacher, noch einmal zehn bekommen.

Wieder die Stimme des Regie-Assistenten:

»Ruhe! . . . Wir fangen an! . . . Beleuchtung!«

Das Licht stach Pat in die Augen und blendete ihn. Er machte einen Schritt in die falsche Richtung und dann rückwärts. Außer ihm waren noch sechs Menschen in dieser Einstellung – einem Gangster-Schlupfwinkel –, und jeder schien ihm im Wege zu sein.

»Alles klar . . . Wir drehen . . . Und Klappe!«

In seiner Panik sprang Pat in einen Graben, der ihn gründlich verbergen sollte. Während die Schauspieler ihre Szene spielten, stand er leicht zitternd im Graben und machte den Rücken krumm; er ahnte nicht, daß diese Einstellung mit einer langen Kamerafahrt gedreht wurde und daß die Kamera, die sich geräuschlos auf ihrer Schiene bewegt hatte, schon fast über ihm war.

»Du da, am Fenster . . . he du da, *Gyp!* Hände hoch!«

Wie im Traum hob Pat die Hände –, und da erst bemerkte er, daß er in eine große schwarze Linse starrte. Im nächsten Augenblick sah er auch die englische Hauptdarstellerin, die an ihm vorbeilief und aus dem

Fenster sprang. Nach einer nicht endenwollenden Sekunde hörte Pat den Befehl: »Schnitt!«

Dann rannte er blindlings durch eine Requisitentür, um eine Ecke herum, stolperte über ein Kabel, fing sich und hetzte auf den Eingang zu. Er hörte rasche Schritte hinter sich und lief noch schneller, aber in der Tür wurde er überholt. Er wandte sich abwehrend um.

Es war die englische Schauspielerin.

»Beeilen Sie sich!« rief sie. »Das war die letzte Einstellung. Ich fliege zurück nach England!«

Während sie in ihre bereitstehende Limousine klomm, warf sie noch eine letzte bedeutungslose Bemerkung hinter sich. »Meine Maschine nach New York startet in einer Stunde!«

Und wenn schon! dachte Pat verbittert und hastete davon.

Noch ahnte er nicht, daß diese ihre Repatriierung sein ganzes Leben verändern sollte.

II

Und die fünf hatte er auch nicht; er fürchtete, daß nun gerade diese fünf für immer außer Reichweite waren. Andere Mittel mußten gefunden werden, wenn der Himmel nicht über dem Dach seines Zweisitzers einstürzen sollte. Mit Verzweiflung im Herzen verließ Pat das Studiogelände. Er machte nur kurz halt, um Benzin für das Auto und Gin für sich selbst zu kaufen, wahrscheinlich der letzte von vielen Drinks, die sie miteinander geteilt hatten.

Am nächsten Morgen erwachte er, und sein Problem war noch ernster geworden. Denn diesmal hatte er so gar keine Lust, ins Studio zu gehen. Dabei fürchtete er nicht nur Gyp McCarthy, sondern die gesamte korporative Macht der Filmgesellschaft, mehr noch: der Branche. Tatsächlich war das Stören des Drehvorgangs ein Kapitalverbrechen, verglichen mit den kostspieligen Pfuschereien, die sich Produzenten und Autoren vergleichsweise ungestraft erlauben konnten.

Andererseits war übermorgen der Tag X für das Auto, und Louie, der Studio-Buchmacher, schien die letzte Quelle zu sein, wenn auch keine üppig sprudelnde.

Er stärkte sich mit einem unbekömmlichen Imbiß vom Grunde der Flasche und ging um zehn mit hochgeschlagenem Mantelkragen und tief ins Gesicht gezogener Hutkrempe zum Studiogelände. Er kannte eine Art unterirdischen Gang durch die Masken-Abteilung und die Intendanzküche, auf dem er vielleicht unbemerkt zu Louie vorstoßen konnte.

Zwei Werkschutzleute ergriffen ihn, als er beim Frisiersalon um die Ecke bog.

»Halt, ich habe einen Passierschein!« protestierte er. »Eine Woche lang gültig; von Jack Berners unterschrieben!«

»Mr. Berners möchte Sie persönlich sprechen.«

Es war also soweit; er würde Studioverbot bekommen.

»Wir könnten Sie verklagen!« schrie Jack Berners. »Aber was würde uns das nützen?«

»Was ist denn schon eine einzige Einstellung?« fragte Pat. »Nehmt eine andere!«

»Geht nicht; die Kamera hat geklemmt. Und heute morgen hat Lily Keatts ein Flugzeug nach England genommen. Sie dachte, sie wäre fertig.«

»Schneidet die Szene raus«, schlug Pat vor – und dann, einer Eingebung folgend: »Ich könnte das bestimmt für euch hinkriegen.«

»Sie haben das bereits bestens hingekriegt!« versicherte ihm Berners. »Wenn man es irgendwie hinkriegen könnte, hätte ich Sie nicht holen lassen.«

Er verstummte und sah Pat sinnend an. Sein Summer ertönte, und die Stimme einer Sekretärin sagte: »Mr. Hilliard.«

»Schicken Sie ihn rein.«

George Hilliard war ein großer Mann, und der Blick, mit dem er Pat von oben bedachte, war nicht freundlich. Aber außer Zorn war noch ein anderes Element in diesem Blick, und Pat krümmte sich ahnungsvoll, während ihn die beiden Männer mit fast unpersönlicher Neugier betrachteten – als wäre er der Spitzenkandidat für die Bratpfanne eines Kannibalen.

»Na, dann will ich mal los«, schlug er unbehaglich vor.

»Was meinen Sie, George?« fragte Berners.

»Nun . . .«, sagte Hilliard zögernd, »wir könnten ihm ein paar Zähne wegmachen.«

Pat erhob sich eilig und machte einen Schritt in Richtung Tür, aber Hilliard ergriff ihn und drehte ihn um.

»Sagen Sie mal was«, sagte er.

»Ihr könnt mich nicht zusammenschlagen«, zeterte Pat. »Wenn ihr mir die Zähne einschlagt, verklage ich euch.«

Es entstand eine Pause.

»Was meinen Sie?« fragte Berners.

»Sprechen kann er nicht«, sagte Hilliard.

»Was? Ich kann nicht sprechen? Ich kann ausgezeichnet sprechen«, sagte Pat.

»Die drei, vier Zeilen können wir ja synchronisieren«, fuhr Hilliard fort, »und kein Mensch bemerkt den Unterschied. Die Hälfte der Leute, die schmierige Schufte spielen, kann nicht sprechen. Wichtig ist nur, daß er die Figur hat, und für die Kamera genügt es, wenn er den Mund richtig bewegt.«

Berners nickte.

»In Ordnung, Pat – Sie sind Schauspieler. Sie spielen den Part, den dieser McCarthy hatte. Nur ein paar Szenen, aber sie sind wichtig. Unterschreiben Sie ein paar Formulare bei der Gewerkschaft und im Besetzungsbüro, und dann können Sie sich heute nachmittag zur Arbeit melden.«

»Was soll das?« wollte Pat wissen. »Ich bin doch keine Charge . . .« Dann fiel ihm ein, daß Hilliard früher Schauspieler gewesen war, und er nahm von dieser Einstellung Abstand: »Ich bin Autor.«

»Der Charakter, den Sie spielen, heißt ›Die Ratte‹«, fuhr Berners fort. Er erklärte, warum es wichtig war, daß Pat seinen improvisierten Auftritt von gestern fortsetzte. Die Szenen, in denen Miss Keatts vorkam, waren zuerst abgedreht worden, damit sie ein anderes Engagement in England antreten konnte. Aber um das Handlungsskelett mit Fleisch zu füllen, war es nötig zu zeigen, wie die Gangster ihr Versteck erreicht hatten und was sie weiter trieben, nachdem Miss Keatts aus dem Fenster gesprungen war. Da er unwiderruflich zusammen mit Miss Keatts gefilmt worden war, mußte Pat noch in einem halben Dutzend anderer Einstellungen erscheinen, und die sollten in den nächsten paar Tagen gedreht werden.

»Was springt denn dabei raus?« fragte Pat forschend.

»Wir haben McCarthy fünfzig pro Tag gezahlt –; Augenblick mal, Pat; ich dachte, ich zahle Ihnen das, was Sie letztes Mal als Autor gekriegt haben, zweifünfzig die Woche.«

»Und mein Ruf?« warf Pat ein.

»Die Frage beantworte ich nicht«, sagte Berners. »Aber wenn Benchley das kann, und wenn Don Stewart und Lewis und Wilder und Woollcott das können, dann glaube ich nicht, daß es Sie ruinieren wird.«

Pat holte tief Atem.

»Kann ich schon mal fünfzig Vorschuß haben?« fragte er. »Schließlich habe ich die ja gestern schon verdient . . .«

»Wenn Sie gekriegt hätten, was Sie verdient haben, wären Sie jetzt im Krankenhaus. Und Sie fangen jetzt keine Sauftour an. Hier sind zehn Dollar, und mehr kriegen Sie in dieser Woche nicht zu sehen.«

»Aber mein Auto . . .«

»Zum Teufel mit Ihrem Auto.«

III

»Die Ratte« war der nicht totzukriegende Alte einer Bande, die sich im Auftrag einer nicht näher identifizierten Nazi-Regierung mit Sabotage befaßte. Sein Text war die Einfachheit selber; Pat hatte schon oft ähnliches geschrieben. »Macht ihn nicht fertig, bevor der Boss kommt«; »Los, verduftet«; »Oh doch, aber mit den Füßen zuerst.« Pat fand es angenehm; wie immer beim Film, verbrachte er die meiste Zeit mit Warten; und er hoffte, daß sich hieraus noch andere Gelegenheiten ergeben würden. Er fand es schade, daß dieser Job schon so bald vorbei sein sollte.

Seine letzte Einstellung war eine Außenaufnahme. Er wußte, daß »Die Ratte« eine Explosion zünden sollte, bei der sie selbst umkommen würde, aber Pat hatte solche Szenen gesehen und war sicher, daß für ihn keine Gefahr bestand. Er empfand milde Neugier, als man auf dem rückwärtigen Studiogelände bei ihm an Taille und Brustkorb Maß nahm.

»Macht ihr ein Dummy?« fragte er.

»Nicht direkt«, sagte der Requisiteur. »Das Ding ist schon fertig, aber es wurde für Gyp McCarthy gebaut, und ich will sehen, ob es Ihnen auch paßt.«

»Und? Paßt es?«

»Wie angegossen.«

»Was ist es denn?«

»Na – so eine Art Schutz.«

Ein leichter Eiseshauch wehte Pats Seele an.

»Ein Schutz? Wogegen? Gegen die Explosion?«

»Ach Quatsch! Die Explosion ist getürkt; das ist eine Trickaufnahme. Dies ist etwas anderes.«

»Was ist es?« fragte Pat beharrlich. »Wenn ich vor etwas geschützt werden soll, dann habe ich auch ein Recht zu erfahren, wovor.«

Vor der falschen Fassade eines Lagerhauses wurde eine Batterie Kameras aufgestellt. Plötzlich löste sich Hilliard aus einer Gruppe. Er kam zu Pat, legte ihm den

Arm um die Schulter und steuerte ihn zum Umkleidezelt der Schauspieler. Im Zelt überreichte er Pat einen Flachmann.

»Nehmen Sie ein Schlückchen, Alter.«

Pat bediente sich ausgiebig.

»Ich muß mit Ihnen noch etwas besprechen, Pat«, sagte Hilliard. »Es hat sich eine kleine Kostümänderung ergeben. Ich erkläre es Ihnen beim Anziehen.«

Pat wurde seines Jacketts und seiner Weste entkleidet, seine Hose wurde gelockert, und im nächsten Augenblick hatte man seinen Rumpf in ein eisernes Wams mit Scharnieren gezwängt. Es bedeckte ihn von den Achselhöhlen bis zur Schamgegend wie ein Gipsverband.

»Das ist erstklassiges Eisen, Pat«, versicherte ihm Hilliard. »Das Allerbeste an Dehnbarkeit und Widerstandsfähigkeit. In Pittsburgh hergestellt.«

Plötzlich sperrte sich Pat gegen die Bemühungen der zwei Garderobiers, die versuchten, seine Hose über das Ding zu zurren und ihm Weste und Jackett überzuziehen.

»Was soll das?« fragte er, mit den Armen rudernd. »Das will ich jetzt wissen. Auf mich wird nicht geschossen, wenn ihr das . . .«

»Es wird nicht geschossen.«

»Aber was sonst? Ich bin kein Stuntman . . .«

»Sie haben genau wie McCarthy einen Vertrag unterschrieben, in dem Sie sich verpflichten, alle an Sie gestellten Forderungen zu erfüllen, wenn sie berechtigt und nach menschlichem Ermessen zumutbar sind; unsere Anwälte haben das bestätigt.«

»Was *ist* es?« Pats Mund war trocken.

»Es ist ein Auto.«

»Ihr wollt mich mit einem Auto anfahren.«

»Geben Sie mir doch mal die Chance, und lassen Sie mich's erzählen«, bat Hilliard. »Niemand wird Sie anfahren. Das Auto fährt über sie rüber, das ist alles. Dieser Panzer ist so stark . . .«

»Oh, nein!« sagte Pat. Er zerrte an seinem eisernen Korsett. »Da könnt ihr euch aber drauf . . .«

George Hilliard packte ihn fest am Arm.

»Pat, Sie haben den Film schon einmal fast ruiniert; Sie werden ihn nicht ein zweites Mal ruinieren. Seien Sie ein Mann.«

»Genau das werde ich auch bleiben. Ich lasse mich von euch nicht plattquetschen wie dieser Komparse letzten Monat.«

Er brach ab. Hinter Hilliard sah er ein bekanntes Gesicht – ein verhaßtes und gefürchtetes Gesicht –, das Gesicht des Eintreibers der North Hollywood Finance and Loan Company. Und drüben auf dem Parkplatz stand sein Zweisitzer, treuer Freund und Diener seit 1934, Gefährte seiner Schicksalsschläge, sein einzig sicheres Zuhause.

»Entweder Sie erfüllen den Vertrag«, sagte George Hilliard, »oder Sie sind die längste Zeit beim Film gewesen.«

Der Mann von der Kreditanstalt war einen Schritt näher gekommen. Pat wandte sich an Hilliard.

»Leihen Sie mir . . .«, er kam ins Stottern, »schießen Sie mir fünfundzwanzig Dollar vor?«

»Klar«, sagte Hilliard.

Pat sprach mutig mit dem Kredit-Menschen:

»Haben Sie das gehört? Sie kriegen Ihr Geld, aber

wenn das Ding bricht, sind Sie für meinen Tod verantwortlich.«

Die nächsten paar Minuten vergingen wie im Traum. Er hörte Hilliards letzte Instruktionen, als er das Zelt verließ. Pat sollte in einem flachen Graben liegen, um das Dynamit zu zünden; und dann würde der Held langsam über seinen Leib fahren. Pat lauschte matt. Er sah sich wie ein aufgeplatztes Ei an der Studiomauer liegen.

Er nahm die Taschenlampe in die Hand und legte sich in den Graben. In der Ferne hörte er den Ruf »Ruhe!«, dann Hilliards Stimme und dann einen Wagen, den man warmlaufen ließ.

IV

Als er erwachte, war es dunkel und still. Zunächst gelang es ihm nicht, seine Umgebung einzuordnen. Dann sah er, daß am Himmel Kaliforniens Sterne standen und daß er irgendwo allein war; nein: jemand hielt ihn fest in seinen Armen. Aber die Arme waren aus Eisen, und es wurde ihm klar, daß er sich immer noch in der metallenen Verschalung befand. Und dann kam es alles zurück – bis zu dem Augenblick, als er das Herannahen des Autos gehört hatte.

Soweit er es beurteilen konnte, war er unverletzt. Aber warum hier draußen und warum allein?

Er versuchte heftig, sich zu erheben, mußte aber bemerken, daß das unmöglich war, und kurz darauf ließ er einen Hilferuf frei. Mit Unterbrechungen schrie er fünf Minuten lang, bis schließlich von fern ein Ruf zu ihm herüberdrang; Hilfe nahte in Gestalt eines Werkschutzmanns.

»Worum geht's denn? Bißchen zuviel gebechert?«

»Nein, verdammt nochmal«, schrie Pat. »Ich war hier heute nachmittag bei den Dreharbeiten. Ein übler Trick, einfach abzuhauen und mich hier im Graben zu lassen.«

»Die müssen Sie in der Aufregung glatt vergessen haben.«

»Mich vergessen! *Ich* war die Aufregung. Wenn Sie mir nicht glauben, fühlen Sie mal, was ich hier anhabe!«

Der Bulle half ihm auf die Beine.

»Die waren halt durcheinander«, erläuterte er. »Passiert schließlich nicht jeden Tag, daß sich ein Star das Bein bricht.«

»Wie? Ist was passiert?«

»Soviel ich weiß, sollte er das Auto über eine Bodenwelle fahren, und da ist das Auto umgekippt, und er hat sich das Bein gebrochen. Sie mußten die Dreharbeiten unterbrechen und sind jetzt alle reichlich sauer.«

»Und mich lassen sie in diesem . . . in diesem Ofen. Wie soll ich das Ding heute nacht noch runterkriegen? Wie soll ich autofahren?«

Doch trotz aller Wut fühlte Pat einen gewissen wilden Stolz. In dieser Inszenierung war er jemand; jemand, mit dem man nach Jahren der Nichtachtung wieder rechnen mußte. Es war ihm gelungen, den Film ein zweites Mal zu verzögern.

PAT HOBBYS PREMIERE

I

Ich habe keinen Job für Sie!« sagte Jack Berners. »Wir haben jetzt mehr Autoren, als wir gebrauchen können.«

»Ich hatte gar nicht um einen Job gebeten«, sagte Pat mit Würde. »Aber mir stehen ein paar Eintrittskarten für die Premiere heute abend zu; da habe ich immerhin eine halbe Erwähnung im Vorspann.«

»Ah ja, darüber wollte ich noch mit Ihnen sprechen«, Berners runzelte die Stirn. »Vielleicht müssen wir Ihren Namen aus dem Vorspann entfernen.«

»Was?« schrie Pat auf. »Aber er ist doch schon drin! Ich habe es im *Reporter* gesehen. ›Von Ward Wainwright und Pat Hobby.‹«

»Aber wir müssen den Namen vielleicht entfernen, wenn der Film in die Kinos kommt. Wainwright ist von der Ostküste zurück, und jetzt schlägt er einen Heidenkrach. Er sagt, Sie beanspruchen ganze Zeilen für sich, wenn Sie ›Nein‹ in ›Nein, Sir‹ und ›karmesin‹ in ›rot‹ umgeschrieben haben. So in der Art.«

»Ich bin jetzt seit zwanzig Jahren in der Branche«, sagte Pat. »Ich kenne meine Rechte. Dieser Knabe hat Mist gebaut. Ich wurde engagiert, um eine völlig verhauene Plotte zu reparieren!«

»Das ist nicht wahr!« versicherte ihm Berners. »Nachdem Wainwright nach New York gegangen war, habe ich Sie gerufen, damit Sie eine kleine Rolle fertig einrichten. Wenn ich nicht zum Fischen gefahren wäre, hätten Sie Ihren Namen nicht ungestraft auf das Script kleben können.« Jack Berners brach ab, weil Pats elende, rotgeäderte Augen ihn rührten. »Trotzdem war ich froh, daß Sie nach so langer Zeit wieder mal eine Erwähnung im Vorspann haben.«

»Ich trete der Screen Writers' Guild bei und fechte das an.«

»Das ist völlig aussichtslos. Auf jeden Fall ist Ihr Name heute abend im Vorspann, und er wird alle daran erinnern, daß Sie noch leben. Irgendwo werde ich auch Eintrittskarten für Sie auftreiben; aber nehmen Sie sich vor Wainwright in acht. Wenn man über fünfzig ist, sollte man sich nicht mehr in Schlägereien einlassen.«

»Ich bin in den Vierzigern«, sagte Pat. Er war neunundvierzig.

Die Gegensprechanlage summte. Berners schaltete sie an.

»Mr. Wainwright ist da.«

»Sagen Sie ihm, er soll warten.« Er wandte sich an Pat: »Wainwright. Gehen Sie lieber zur Hintertür hinaus.«

»Was ist mit den Karten?«

»Kommen Sie heute nachmittag vorbei.«

Für einen jungen, aufstrebenden Poeten der Leinwand wäre dies ein vernichtender Schlag gewesen, aber Pat war ein anderer, strengerer Menschenschlag. Streng nicht gegen sich, sondern gegen das unbarmherzige Schicksal, das ihn fast ein Jahrzehnt lang gedemütigt hatte. Mit all seiner Erfahrung – und mit Hilfe jedes

giftigen Krauts, das zwischen dem Washington Boulevard und der Ventura Avenue, zwischen Santa Monica
und der Vine Street seine Blüten trieb – war er tiefer
und tiefer gesunken. Manchmal konnte er sich für kurze
Zeit an einem Busch festhalten, fand kurze Rast auf
einer Insel namens »Script-Redaktion«, doch im allgemeinen sank er mit einer Geschwindigkeit, die einen
Geringeren schwindlig gemacht hätte.

Nachdem er zum Beispiel Berners' Büro heil verlassen
hatte, blickte Pat nicht zurück, sondern er faßte sofort
die Zukunft fest ins Auge. Er malte sich einen kleinen
Drink mit Louie, dem Studio-Buchmacher, aus, sowie
ein paar Visiten bei alten Freunden auf dem Studiogelände. Gelegentlich, aber von Jahr zu Jahr seltener, ent-
wickelten sich einige dieser Besuche schneller zu einem
Job, als man »Santa Anita« sagen konnte. Aber nachdem er seinen Drink eingenommen hatte, fielen seine
Augen auf ein Mädchen, das sich verlaufen hatte.

Sie hatte sich ganz eindeutig verlaufen. Sie stand
herum und starrte sehr hübsch die Lastwagen an, die
voller Komparserie zur Intendanz fuhren. Und dann
blickte sie hilflos um sich – so hilflos, daß sie beinahe
von einem der Lastwagen überfahren worden wäre,
wenn Pat nicht den Arm ausgestreckt und sie beiseite
gezerrt hätte.

»Oh, danke«, sagte sie, »danke. Ich bin mit einer Rei-
segruppe hier, und wir wollten das Filmgelände besichtigen, und ein Polizist sagte, ich soll meinen Fotoapparat
in irgendeinem Büro abgeben. Dann bin ich zum Studio
5 gegangen, wie er gesagt hatte, aber da war alles zu.«

Sie war ein »hübsches kleines Blondchen«. Pats vom
Leberschaden gezeichnetem Auge stellten sich hübsche

kleine Blondchen so identisch dar wie Papierpüppchen an einer Schnur. Natürlich hatten sie verschiedene Namen.

»Mal sehen, was sich machen läßt«, sagte Pat.

»Sie sind sehr nett. Ich bin Eleanor Carter aus Boise, Idaho.«

Er sagte ihr seinen Namen und daß er Autor sei. Erst schien sie enttäuscht – dann entzückt.

»Ein Autor? . . . Ach, natürlich. Ich wußte, daß man da auch Autoren braucht, aber ich glaube, ich habe noch nie von einem gehört.«

»Autoren machen leicht drei Riesen die Woche«, versicherte er ihr ernst. »Autoren gehören in Hollywood mit zu den größten Tieren.«

»Wissen Sie, so habe ich noch gar nicht darüber nachgedacht.«

»Bernard Shaw war auch schon mal hier«, sagte er, ». . . und Einstein, aber sie waren nicht gut genug.«

Sie gingen zum Schwarzen Brett, und Pat sah, daß in drei Studios gearbeitet werden sollte; und einer der Regisseure war ein Freund aus alten Tagen.

»Was haben Sie geschrieben?« fragte Eleanor.

Ein großer männlicher Filmstar ragte undeutlich am Horizont auf, und Eleanor war ganz Auge, bis er vorbeigegangen war. Die Titel von Pats Filmen wären ihr sowieso nicht vertraut gewesen.

»Das waren alles Stummfilme«, sagte er.

»Oh. Und was haben Sie zuletzt geschrieben?«

»Nun, äh . . . für Universal habe ich eine Sache überarbeitet . . . Ich weiß nicht, wie sie den Streifen später genannt haben . . .« Er sah, daß er sie nicht im mindesten beeindruckte. Er dachte schnell nach. Was wußten sie denn schon in Boise, Idaho? »Ich habe *Captains Courageous* geschrieben«, sagte er kühn. »Und *Test Pilot* und *Wuthering Heights* und . . . und *The Awful Truth* und *Mr. Smith Goes to Washington.*«

»Oh!« rief sie. »Das sind ja alles meine Lieblingsfilme. Und *Test Pilot* ist der Lieblingsfilm von meinem Freund. Und meiner ist *Dark Victory.*«

»Ich fand *Dark Victory* lausig«, sagte er bescheiden. »Intellektueller Mist«, und um die Waage der Wahrheitsliebe wieder ein wenig ins Gleichgewicht zu bringen, fügte er hinzu: »Ich bin schon seit zwanzig Jahren dabei.«

Sie kamen zu einem Studio und traten ein. Pat ließ dem Regisseur seinen Namen schicken, und sie wurden durchgelassen. Sie sahen zu, wie Ronald Colman eine Szene probte.

»Haben Sie das geschrieben?« flüsterte Eleanor.

»Man ist damit an mich herangetreten«, sagte Pat, »ich hatte aber zuviel zu tun.«

Er fühlte sich wieder ganz jung, bedeutend und aktiv, in jedem Projekt ein Händchen. Dann fiel ihm etwas ein.

»Heute abend hat ein Film von mir Premiere.«

»*Ehrlich?*«

Er nickte.

»Ich wollte Claudette Colbert mitnehmen, aber sie ist erkältet. Hätten Sie Lust?«

Er war bestürzt, als sie eine Familie erwähnte, erleichtert, als sie sagte, es sei nur eine Tante, die hier wohne. Wie in der guten, alten Zeit würde es sein: mit einem hübschen kleinen Blondchen die Front der gaffenden Menge auf dem Bürgersteig abschreiten. Sein Auto war zwar Jahrgang 33, aber er konnte ja sagen, es sei geliehen –; einer seiner japanischen Diener hatte seine Limousine kaputtgefahren. Und dann? Das wußte er noch nicht recht, aber für eine Nacht ließ sich leicht eine gute Schau abziehen.

Er kaufte ihr in der Intendanzkantine ein Mittagessen und war so aufgewühlt, daß er überlegte, ob er sich noch für denselben Tag ein Apartment ausborgen sollte. Er konnte auch immer noch den alten Spruch mit den Probeaufnahmen anbringen. Aber Eleanor dachte nur daran, daß sie zum Friseur wollte, um für heute abend gerüstet zu sein, und widerstrebend begleitete er sie zum Tor. Er nahm mit Louie noch einen Drink und ging dann wegen der Eintrittskarten in Jack Berners' Büro.

Berners' Sekretärin hielt sie in einem Umschlag für ihn bereit.

»Es war nicht ganz einfach, Mr. Hobby.«

»Wieso denn das? Kann man nicht in seine eigene Premiere? Ist das eine neue Regelung?«

»Das nicht, Mr. Hobby«, sagte sie. »Aber über den Film ist soviel geredet worden, daß kein Platz mehr zu haben war.«

Er war noch nicht versöhnt und klagte: »Und an mich haben sie einfach nicht gedacht.«

»Es tut mir leid.« Sie zögerte. »Diese Karten gehören

eigentlich Mr. Wainwright. Er hat sich aber so über etwas geärgert, daß er sagte, er möchte nicht hingehen ... und dann hat er sie mir auf den Schreibtisch geknallt. Ich sollte Ihnen das eigentlich gar nicht sagen.«

»Das sind *seine* Plätze?«

»Ja, Mr. Hobby.«

Pat sog an seiner Zunge. Dies sah nach einem Triumph aus. Wainwright hatte die Beherrschung verloren, und das ist das letzte, was man sich in der Filmbranche leisten konnte; man darf lediglich so tun, als verlöre man sie; also war es nicht allzu rosig um ihn bestellt. Pat erwog, der Screen Writers' Guild beizutreten und dort seinen Fall vorzutragen – falls die Screen Writers Guild ihn aufnahm.

Dieses Problem war akademischer Natur. Um fünf wollte er Eleanor abholen und sie »irgendwo auf einen Cocktail« mitnehmen. Er kaufte ein Zwei-Dollar-Hemd, das er gleich im Laden anzog, und eine Art Tirolerhut für vier Dollar; dadurch halbierte er sein Bankkonto, welches er seit dem Bank-Holiday von 1933 umsichtig in der Brusttasche verwahrte.

Der bescheidene Bungalow in West Hollywood gab Eleanor kampflos frei. Auf seinen Rat hin hatte sie kein Abendkleid angezogen, aber sie war so proper und glanzvoll wie alle kleinen Blondchen seiner Vergangenheit. Und voller Eifer; sie sprudelte über vor Begeisterung und Dankbarkeit. Er mußte sich jemanden einfallen lassen, der ihm morgen sein Apartment borgte.

»Hätten Sie mal Lust zu Probeaufnahmen?« fragte er, als sie die Brown Derby Bar betraten.

»Welches Mädchen hätte das nicht?«

»Och, da gibt es eine ganze Menge ... nicht für eine

Million Dollar würden sie das machen.« Pat hatte Rückschläge in seinem Liebesleben erlebt. »Manche hacken lieber weiter auf die Tasten ein, oder sie hängen lieber dumm rum. Sie würden sich wundern.«

»Für Probeaufnahmen würde ich fast alles tun«, sagte Eleanor.

Als er sie zwei Stunden später betrachtete, fragte er sich allen Ernstes, ob es sich nicht doch arrangieren ließ. Es gab Harry Gooddorf; es gab Jack Berners; doch sein Kredit war überall niedrig. Er konnte etwas für sie *tun*, beschloß er bei sich. Er wollte zumindest versuchen, einen Agenten für sie zu interessieren –, wenn morgen alles gutging.

»Was machen Sie morgen?« fragte er.

»Nichts«, antwortete sie prompt. »Sollten wir nicht allmählich essen gehen? Und dann zur Premiere?«

»Ja doch.«

Er führte einen weiteren Angriff auf sein Bankkonto, um seine sechs Whiskey zu bezahlen; man hatte ja wohl das Recht, vor der eigenen Premiere ein bißchen zu feiern; und führte sie zum Abendessen in ein Restaurant. Sie aßen wenig. Eleanor war zu aufgeregt; Pat hatte seine Kalorien in anderer Form zu sich genommen.

Es war lange her, seit er einen Film mit seinem Namen gesehen hatte. Pat Hobby. Als ein Mann aus dem Volke erschien er im Vorspann immer als Pat Hobby. Es würde schön sein, seinen Namen wieder zu sehen, und obwohl er nicht erwartete, daß seine alten Freunde aufstanden und *Happy Birthday to You* sangen, rechnete er doch fest mit einigem Schulterklopfen und sogar mit etwas Aufmerksamkeit, wenn nachher alles aus dem Kino strömte. Das wäre nett.

»Ich habe Angst«, sagte Eleanor, als sie durch die Gasse gingen, die die dichtgedrängten Fans gebildet hatten.

»Alle sehen Sie an«, sagte er keck. »Sie sehen die hübsche kleine Schnute und überlegen, ob Sie eine Schauspielerin sind.«

Ein Fan schob ihr ein Autogramm-Album samt Bleistift hin, aber Pat führte sie entschlossen weiter. Es war schon spät. Das Äquivalent von »Alle Mann an Bord« wurde am Eingang gerufen.

»Ihre Eintrittskarten bitte, Sir.«

Pat öffnete den Umschlag und überreichte sie dem Livrierten. Dann sagte er zu Eleanor:

»Die Plätze sind reserviert. Es macht nichts, wenn wir zu spät kommen.«

Sie drückte sich an ihn, sich an das klammernd, was, wie sich herausstellen sollte, der Höhepunkt ihres Debüts war. Nach weniger als drei Schritten ins Kino hinein fiel eine Hand auf Pats Schulter.

»He, Freundchen, die Karten gelten hier nicht.«

Bevor sie wußten, wie ihnen geschah, waren sie rückwärts hinausgedrängt worden, und ringsum starrten argwöhnische Augen auf sie.

»Ich bin Pat Hobby. Ich habe den Film geschrieben.«

Einen Augenblick lang neigte die öffentliche Meinung dazu, ihm Glauben zu schenken. Dann schnüffelte der hartgesottene Türsteher an ihm und rückte ihm noch näher auf den Leib.

»Du bist besoffen, Alter. Dies sind Karten für eine andere Show.«

Eleanor machte große Augen und fühlte sich unbehaglich, aber Pat war Herr der Lage.

»Gehen Sie rein und fragen Sie Jack Berners«, sagte Pat. »Er wird's Ihnen sagen.«

»Nun hör mal zu«, sagte der bullige Wächter, »dies sind Karten für eine scharfe Revue in L.A.« Er drängte Pat stetig beiseite. »Nun geh mal schön in deine Show und nimm deine Freundin mit und viel Spaß.«

»Sie verstehen mich nicht. Ich habe diesen Film geschrieben.«

»Klar. Im Traum. Im Traum, der aus der Pfeife kommt.«

»Sehen Sie sich doch das Programm an. Da steht mein Name drin. Ich bin Pat Hobby.«

»Kannst du das beweisen? Zeig mal deinen Kraftfahrzeugschein.«

Als Pat ihn ihm überreichte, flüsterte er Eleanor zu: »Keine Sorge!«

»Hier steht nicht Pat Hobby«, gab der Kartenabreißer bekannt. »Hier steht, das Auto ist Eigentum der North Hollywood Finance and Loan Company. Bist du das?«

Zum erstenmal in seinem Leben fiel Pat nichts ein, was er hätte sagen können; er warf einen schnellen Blick auf Eleanor. Nichts in ihrem Gesicht verriet, daß er nicht das war, was er zu sein den Eindruck hatte: einsam und verlassen.

III

Obwohl der Premierenpöbel sich aufzulösen begonnen hatte, wobei er sich jene vage amerikanische Frage stellte, die da lautet »weshalb sind wir eigentlich hergekommen?«, fand doch eine kleine Menschentraube etwas Fesselndes und Schmerzliches in den Gesichtern von Pat und Eleanor. Dies waren offensichtlich ungebetene Gäste, Außenseiter wie sie selbst, aber die Menge verübelte ihnen die Verwegenheit, mit der sie einzudringen versucht hatten – eine Verwegenheit, die der Menge nicht zu Gebote stand. Halblaute, höhnische Scherze wurden hörbar. Dann, als Eleanor bereits von der abscheulichen Szene fortzustreben begann, entstand Unruhe bei der Tür. Ein gutgekleideter Hüne von 1,90 Metern kam mit langen Schritten aus dem Kino, blieb stehen und blickte um sich, bis er Pat sah.

»Da sind Sie ja!« rief er.

Pat erkannte Ward Wainwright.

»Gehen Sie rein und sehen Sie sich's an!« röhrte Wainwright. »Sehen Sie es an. Hier sind Kartenabschnitte! Ich glaube, da hat der Requisitenjunge Regie geführt! Gehen Sie und sehen Sie selbst!« Zum Türsteher sagte er: »Das geht in Ordnung! *Er* hat's geschrieben. In voller Länge! Keinen Zentimeter davon möchte ich mit meinem Namen unterschreiben!«

Vor Enttäuschung zitternd, warf Wainwright die Arme in die Luft und schritt in die neugierige Menge.

Eleanor war verängstigt. Aber derselbe Geist, der das »Ich würde alles tun, um zum Film zu kommen« beseelt hatte, ließ sie dort ausharren, wo sie stand, obwohl unsichtbare Finger sie nach Boise zu ziehen schienen. Sie hatte vorgehabt zu rennen – schnell und weit weg. Der hartgesottene Türsteher und der hochgewachsene Fremde hatten in ihr das Gefühl übermächtig werden lassen, dieser Pat sei »eher einfältig«. Nie würde sie es diesen rotumränderten Augen gestatten, sich ihr zu nähern – zumindest nicht für mehr als einen Kuß vor der Haustür. Sie hielt sich für den *einen* rein – und das war nicht Pat. Trotzdem spürte sie, daß die lauernde Menge ihr Beifall zollte, Beifall, wie sie ihn nie zuvor hervorgerufen hatte. Sie warf mehrmals einen Seitenblick auf die Menge, einen Seitenblick, aus dem nun nicht mehr flackernde Angst sprach, sondern etwas Königinhaftes.

Sie fühlte sich genau wie ein Star.

Auch Pat war voller Zuversicht. Dies war *seine* Premiere; es war ihm alles in den Schoß gefallen: allein *sein* Name würde auf der Leinwand stehen, wenn der Film in die Kinos kam. *Irgend*ein Name mußte es ja sein, oder? Und Wainwright hatte sich zurückgezogen.

DREHBUCH ... PAT HOBBY

Er ergriff Eleanors Ellbogen mit fester Hand und steuerte sie im Triumph zum Eingang:

»Kopf hoch, Baby. So läuft's nun mal. Verstehste?«

. . . SO IST DOCH DER WILLE ZU LOBEN

I

Pat Hobbys Apartment lag über einem Feinkostladen am Wilshire Boulevard. Und in dem Apartment lag Pat, von seinen Büchern umgeben – dem *Motion Picture Almanac* von 1928 und dem Rennbahn-Jahrbuch *Barton's Track Guide 1939* –; von seinen Bildern umgeben – Fotos mit den Original-Unterschriften von Mabel Normand und Barbara LaMarr (die, nachdem beide verstorben waren, beim Pfandleiher nichts mehr einbrachten) –; und umgeben von seinen Hunden, die, mit ihren rissigen Lederschuhchen angetan, aufrecht auf einer schrägen Ottomane saßen.

Pat »hatte seine Ressourcen erschöpft«, obwohl dieser Ausdruck zu verschwommen ist, wenn es gilt, einen Zustand zu beschreiben, in dem er sich die meiste Zeit seines Lebens befand. Er war ein Oldtimer beim Film; einst hatte er sein Leben mit äußerster Prachtentfaltung gestaltet, aber in den letzten Jahren war es immer schwieriger geworden, die Jobs festzuhalten – schwieriger jedenfalls, als es war, Gläser festzuhalten.

»Wenn man drüber nachdenkt«, resignierte er oft, »neunundvierzig –, und weiter als bis zum Schriftsteller habe ich es nicht gebracht.«

Den ganzen Nachmittag hatte er auf der Suche nach einer Idee die *Times* und den *Examiner* durchgeblättert.

Obwohl er nicht vorhatte, aus dieser Idee einen Film zu komponieren, brauchte er sie, um aufs Studiogelände zu kommen. Wenn man nichts zum Vorzeigen hatte, wurde es immer schwieriger, das Tor zu passieren. Doch obwohl diese beiden Blätter – zusammen mit *Life* – die Quellen waren, aus denen sich die meisten Filme »nach einer wahren Begebenheit« speisten, gaben sie ihm an diesem Nachmittag nichts preis. Es gab Kriege, ein Großfeuer im Topanga Canyon, Pressemitteilungen aus den Studios, Bestechungsaffären in der Stadtverwaltung sowie natürlich die seligmachenden Taten der »Trojaner«, der hiesigen Football-Mannschaft, aber Pat fand nichts, was sich als zu Herzen gehende Story mit der Rennseite hätte messen können.

»Wenn ich nach Santa Anita könnte«, dachte er, »könnte ich mir ein besseres Bild von den Pferdchen machen.«

Diese erfreuliche Vorstellung wurde von seinem Hausbesitzer, dem auch das Feinkostgeschäft im Erdgeschoß gehörte, unterbrochen.

»Ich habe Ihnen gesagt, ich nehme für Sie keine Anrufe mehr entgegen«, sagte Nick, »und das hat sich auch nicht geändert. Aber Mr. Carl Le Vigne hat persönlich vom Studio angerufen und sagt, Sie sollen sofort rüberkommen.«

Die Aussicht auf einen Job veränderte Pat. Sie betäubte die bröckeligen, sich sträubenden Überreste seiner Mannhaftigkeit und impfte ihn statt dessen mit einer einschmeichelnden, sorglosen Zuversicht. Wohlgesetzte Rede und feine Lebensart des Erfolgsmenschen kehrten zu ihm zurück. Die Art, wie er dem Studio-Werkschutzmann zuzwinkerte, wie er sich mit Louie,

dem Studio-Buchmacher, auf einen kleinen Schwatz ein-
ließ, wie er sich schließlich bei Mr. Le Vignes Sekretärin
vorstellte, ließ ahnen, daß er bei gewichtigen Geschäften
in entlegenen Weltteilen unterbrochen worden war.
Indem er Le Vigne mit einem schalkhaften »Hal-*lo,*
Captain!« begrüßte, benahm er sich fast wie ein Gleich-
gestellter, wie ein erprobter Leutnant, der nie wirklich
weg gewesen war.

»Pat, Ihre Frau liegt im Krankenhaus«, sagte Le
Vigne. »Wahrscheinlich steht es heute nachmittag in der
Zeitung.«

Pat schrak auf.

»Meine Frau?« sagte er. »Welche?«

»Estelle. Sie hat versucht, sich die Pulsadern auf-
zuschneiden.«

»Estelle!« rief Pat aus. »Sie meinen *Estelle?* Hören
Sie mal, ich war doch nur drei Wochen lang mit ihr verheiratet!«

»Sie war das beste Mädchen, das Sie jemals hatten«,
sagte Le Vigne grimmig.

»Ich hab seit zehn Jahren nichts von ihr gehört.«

»Aber jetzt hören Sie was von ihr. Wir haben in
sämtlichen Studios angerufen, um Sie ausfindig zu
machen.«

»Ich hatte nichts damit zu tun.«

»Ich weiß; sie ist erst seit einer Woche hier. Da, wo sie
zuletzt lebte, hatte sie ziemliches Pech ... War das in
New Orleans? Der Mann ist ihr weggestorben, dann das
Kind, und kein Geld ...«

Pat atmete wieder leichter. Keiner wollte ihm etwas
anhängen.

»Sie wird es jedenfalls überleben«, versicherte ihm Le

Vigne überflüssigerweise, »und sie war mal das beste Scriptgirl, das wir auf dem Gelände hatten. Wir wollen uns um sie kümmern. Wir dachten, es wäre das Beste, Ihnen einen Job zu geben. Natürlich keinen richtigen Job; ich weiß ja, daß Sie dazu nicht in der Lage sind.« Er blickte in Pats rotgeränderte Augen. »Wir dachten an so etwas wie einen Ehrensold.«

Pat begann, sich unbehaglich zu fühlen. Er kannte das Wort nicht, aber »Ehre« störte ihn, und »Sold« beschwor eine ganze Flut unangenehmer Erinnerungen herauf.

»Sie sind für zweifünfzig die Woche auf der Gehaltsliste, drei Wochen lang«, sagte Le Vigne, »aber davon gehen einsfünfzig die Woche an das Hospital für die Krankenhausrechnung Ihrer Frau.«

»Wir sind aber doch geschieden!« protestierte Pat. »Und zwar richtig, nicht auf die mexikanische Tour. Ich war seitdem wieder verheiratet und sie auch . . .«

»Nehmen Sie's an, oder lassen Sie's bleiben. Sie können hier ein Büro kriegen, und wenn sich irgendwas ergibt, was Sie machen können, sage ich Bescheid.«

»Ich habe noch nie für hundert die Woche gearbeitet.«

»Sie brauchen auch nicht zu arbeiten. Wenn Sie wollen, können Sie zu Hause bleiben.«

Pat änderte seine Taktik.

»Ich werde arbeiten«, sagte er schnell. »Sie treiben mir eine gute Story auf, und ich zeige Ihnen, ob ich arbeiten kann oder nicht.«

Le Vigne schrieb etwas auf einen Zettel.

»In Ordnung. Sie kriegen dann ein Büro.«

Draußen sah sich Pat die Notiz an.

»Mrs. John Devlin«, hieß es da, »Good Samaritan Hospital.«

Die Worte irritierten ihn schon als solche.

»Zum Guten Samariter!« stieß er hervor. »Scheint ein Nepplokal für Kanaker zu sein! Einhundertundfünfzig Scheine pro Woche!«

II

Pat waren schon einige Jobs aus Barmherzigkeit übertragen worden, aber dies war der erste, der ihn mit Scham erfüllte. Er hatte nichts dagegen, wenn er sein Gehalt nicht *verdiente*, es aber nicht zu *kriegen*, das war etwas anderes. Und er fragte sich, ob andere Leute auf dem Gelände, die offensichtlich ebenfalls nichts taten, dafür angemessen entlohnt wurden. Es gab, zum Beispiel, eine ganze Reihe schöner junger Damen, die das abweisende Gehabe von Stars an den Tag legten und die Pat als Inventar-Miezen einschätzte, bis ihm Eric, der Botenjunge, erzählte, sie seien Importe aus Wien und Budapest und noch für keinen bestimmten Film eingeteilt. Ging denn etwa auch die Hälfte ihrer Gehälter an Gatten, die sie nur drei Wochen lang gehabt hatten?

Die lieblichste von ihnen war Lizzette Starheim, eine veilchenäugige kleine Blondine mit einer mangelhaft vertuschten Aura der Illusionslosigkeit um sich. Pat sah sie jeden Nachmittag in der Intendanzkantine allein beim Tee sitzen –, und er machte ihre Bekanntschaft ganz einfach dadurch, daß er sich in einen Stuhl ihr gegenüber sinken ließ.

»Hallo, Lizzette«, sagte er. »Ich bin Pat Hobby, der Autor.«

»Oh, hallo!«

Sie schoß ein derartig strahlendes Lächeln auf ihn ab, daß er einen Augenblick lang dachte, sie müsse von ihm gehört haben.

»Wann kriegen Sie eine Rolle?« fragte er.

»Ich weiß nicht.« Ihr Akzent war schwach, aber quälend.

»Lassen Sie sich bloß nicht auf die billige Tour vertrösten. Das haben Sie mit so einem Gesicht doch gar nicht nötig.« Ihre Schönheit bewirkte bei ihm eine gewisse rostige Beredsamkeit. »Manchmal behalten die einen unter Vertrag, bis einem die Zähne ausfallen, weil man ihrem Superstar zu ähnlich sieht.«

»O nein«, sagte sie unendlich traurig.

»O doch«, versicherte er ihr, »wenn ich's Ihnen doch sage. Warum gehen Sie nicht zu einer anderen Filmgesellschaft und lassen sich ausleihen? Haben Sie schon mal mit diesem Gedanken gespielt?«

»Ich finde ihn wunderbar!«

Er hatte vorgehabt, das Thema noch tiefer auszuloten, aber Miss Starheim blickte auf ihre Armbanduhr und erhob sich.

»Ich muß jetzt gehen, Mr. . . .«

»Hobby. Pat Hobby.«

Pat schloß sich Dutch Waggoner an, dem Regisseur, welcher gerade mit einer Kellnerin an einem anderen Tisch knobelte.

»Zwischen zwei Filmen, Dutch?«

»Zwischen zwei Filmen! Daß ich nicht lache!« sagte Dutch. »Seit sechs Wochen habe ich keinen Film gemacht, und mein Vertrag läuft noch genau sechs Monate weiter. Ich will aussteigen. Wer war denn die kleine Blonde?«

Später, in seinem Büro diskutierte Pat diese Begegnungen mit Eric, dem Botenjungen.

»Alle unter Vertrag und keinen Schimmer, wo sie hin sollen«, sagte Eric. »Sehen Sie sich diesen Jeff Manfred an! Immerhin Produktionsassistent. Was macht er jetzt? Sitzt in seinem Büro und schreibt Aktennotizen an die Bosse; und ich bringe ihm dann den Bescheid, sie seien zur Zeit in Palm Springs. Das bricht mir das Herz. Gestern hat er den Kopf auf die Tischplatte geknallt und geflennt.«

»Und wie soll das anders werden?« fragte Pat.

»Oben muß sich was ändern«, orakelte Eric. »Und das wird es auch.«

»Und wer wird der neue Boss?« fragte Pat mit kaum verhohlener Aufregung.

»Das weiß kein Mensch«, sagte Eric. »Aber mir persönlich würde der Job keinen Spaß machen! Mann! Ich wäre gern Autor. Ich habe drei Ideen, die sind so neu, die sind noch klatschnaß hinter den Ohren.«

»Das ist wirklich kein Leben«, bestätigte ihm Pat voller Überzeugung. »Ich würde vom Fleck weg mit dir tauschen.«

Am nächsten Tag fing er Jeff Manfred in der Empfangshalle ab, der mit der unglaubwürdigen Eile eines Menschen ohne Ziel vor sich hin hastete.

»Wozu die Eile, Jeff?« fragte Pat und verfiel in die gleiche Gangart.

»Noch ein paar Scripts durchlesen«, keuchte Jeff wenig überzeugend.

Er mochte sich sperren, wie er wollte; Pat zerrte ihn in sein Büro.

»Jeff, haben Sie von der Umstrukturierung gehört?«

»Aber ich bitte Sie, Pat . . .« Jeff blickte nervös die Wände an. »Von welcher Umstrukturierung?« fragte er.

»Ich habe gehört, daß dieser Harmon Shaver unser neuer Boss wird«, versuchte es Pat. »Wall-Street-Kontrolle.«

»Harmon Shaver!« höhnte Jeff. »Der hat doch nicht die allerleiseste Ahnung vom Film; der ist doch ein reiner Finanzmensch. Der wandelt doch herum wie eine verlorene Seele.« Jeff lehnte sich zurück und überlegte. »Trotzdem. Wenn Sie recht haben sollten, wäre er der Mann, zu dem man gehen kann.« Er schlug seine trauernden Augen zu Pat auf. »Es ist mir seit einem Monat nicht gelungen, mit Le Vigne oder Barnes oder Bill Behrer zu reden. Ich kriege keinen Auftrag, ich kriege keinen Schauspieler, ich kriege keine Story.« Er verstummte. »Ich habe mir schon gedacht, man sollte mal auf eigene Faust eine größere Sache auskochen. Irgendwelche Ideen?«

»Ich?« sagte Pat. »Ich habe drei Ideen, die sind so neu, die sind noch klatschnaß hinter den Ohren.«

»Und an wen haben Sie dabei gedacht?«

»An Lizzette Starheim«, sagte Pat, »und Dutch Waggoner führt Regie. Na?«

»Ich bin hundertprozentig dabei«, sagte Harmon Shaver. »Seit ich beim Film bin, habe ich nichts erlebt, was mir soviel Mut gemacht hätte.« Er trug das breite Grinsen eines Anlageberaters zur Schau. »Ich schwör's Ihnen: das erinnert mich daran, wie wir einen Zirkus auf die Beine gestellt haben, als ich noch ein kleiner Junge war.«

Sie hatten sich unauffällig wie Verschwörer in seinem Büro versammelt – Jeff Manfred, Waggoner, Miss Starheim und Pat Hobby.

»Gefällt Ihnen dieser Plan?« fuhr Shaver fort.

»Ich finde ihn wunderbar.«

»Und Sie, Mr. Waggoner?«

»Bisher kenne ich nur die groben Umrisse«, sagte Waggoner mit der Vorsicht des Regisseurs, »aber es scheint wieder den alten emotionalen Biß zu haben.« Er blinzelte Pat zu. »Wußte gar nicht, daß dieser alte Penner es dermaßen draufhat.«

Pat funkelte vor Stolz. Jeff Manfred, obschon ähnlich hochgestimmt, war nicht ganz so heißblütig.

»Vor allem ist es wichtig, daß niemand etwas ausplaudert«, sagte er nervös. »Die Direktionsetage würde doch nur wieder einen Haken finden, um die Sache zu kippen. In einer Woche, wenn wir das fertige Script haben, gehen wir zusammen hin.«

»Ganz meine Meinung«, sagte Shaver. »Die haben den Laden schon so lange und so gut geleitet, daß ich meinen eigenen Sekretärinnen nicht mehr traue . . . Ich werd' sie heute nachmittag auf die Rennbahn schicken.«

Pat wurde derweil in seinem Büro von Eric, dem

Botenjungen, erwartet. Er wußte nicht, daß er der Angelpunkt einer bedeutenden neuen Entwicklung war.

»Hat Ihnen mein Stoff gefallen?« fragte er eifrig.

»War ganz hübsch«, sagte Pat mit spärlich dosierter Anteilnahme.

»Sie hatten gesagt, Sie würden für die nächste Lieferung mehr zahlen.«

»Nun seien Sie doch mal Mensch!« Pat war bekümmert. »Wieviele Botenjungen kriegen denn schon fünfundsiebzig die Woche?«

»Und wie viele Botenjungen können schreiben?«

Pat überlegte. Von den zweihundert die Woche, die ihm Jeff Manfred aus eigener Tasche vorstreckte, hatte er folgerichtig eine Kommission in Höhe von sechzig Prozent für sich einbehalten.

»Ich erhöhe auf hundert«, sagte er. »Jetzt melde dich beim Pförtner ab und warte vor Benny's Bar auf mich.«

Im Krankenhaus wurde Estelle Hobby-Devlin in ihrem Bett aufgescheucht und war vom unerwarteten Besuch überwältigt.

»Gut, daß du kommst, Pat«, sagte sie. »Du warst immer gut zu mir. Hast du meine Nachricht bekommen?«

»Vergiß es«, sagte Pat barsch. Diese Gattin hatte er noch nie gemocht. Sie hatte ihn zu sehr geliebt –, so lange, bis sie plötzlich herausfand, daß er kein großer Liebhaber war. In ihrer Gegenwart kam er sich minderwertig vor.

»Draußen wartet ein junger Mann«, sagte er.

»Worauf?«

»Ich dachte, wenn du sonst nichts zu tun hast, kannst du für mein Geld auch mal was leisten . . .«

Er wedelte mit der Hand über das kahle Krankenzimmer hin.

»Du warst doch mal ein Klasse-Scriptgirl. Glaubst
du, du könntest einen roten Faden in eine wirklich erst-
klassige Geschichte bringen, wenn ich dir eine Schreibmaschine besorge?«

»Na . . . ja. Ich glaube schon.«

»Das ist ein Geheimnis. Im Studio können wir keinem trauen.«

»Ist ja gut«, sagte sie.

»Ich schicke den Kleinen mit dem Zeug rein. Ich hab'
jetzt eine Besprechung.«

»Gut. Und . . . ach, Pat . . . komm mich wieder mal
besuchen, ja?«

»Klar. Ich komme.«

Er wußte jedoch, daß er nie wieder kommen würde.
Er mochte keine Krankenzimmer; er wohnte selbst in
einem. Nie wieder Armut und Versagen. Was er
schätzte, war Kraft; heute abend nahm er Lizzette Starheim zum Catchen mit.

IV

In seinen privaten Grübeleien nannte Harmon Shaver
das bewußte Showdown die »Surprise Party«. Er wollte
Le Vigne mit einem *fait accompli* konfrontieren, und
bevor er Le Vigne herbeitelefonierte, sammelte er seine
Gefolgschaft um sich.

»Wozu?« wollte Le Vigne wissen. »Sagen Sie's mir
doch gleich . . . Ich habe wirklich viel zu tun.«

Diese Arroganz irritierte Shaver, der schließlich hier war, um die Interessen von Aktionären an der Ostküste wahrzunehmen.

»Ich verlange doch wohl wirklich nicht zu viel«, sagte er scharf. »Ihr dürft jederzeit hinter meinem Rücken über mich lachen und mich aus allem rauslassen. Aber diesmal habe ich etwas, und ich möchte, daß Sie unverzüglich herkommen.«

»Ist ja schon gut . . . ist ja schon gut.«

Le Vignes Brauen hoben sich unwillkürlich, als er den Stab der neuen Produktion sah, aber er sagte nichts; er flegelte sich in einen Armstuhl, heftete die Augen auf den Fußboden und bedeckte seinen Mund mit den Fingern.

Mr. Shaver kam um den Tisch herum und ließ Worte fließen, die seit Monaten in ihm gegoren hatten. Auf das Wesentlichste destilliert, lautete sein Protest folgendermaßen: »Ihr wolltet mich nicht mitspielen lassen, aber ich spiele trotzdem mit.« Dann nickte er Jeff Manfred zu, dieser öffnete das Manuskript und las laut daraus vor. Das dauerte eine Stunde, und Le Vigne saß immer noch stumm und bewegungslos da.

»Das wär's«, sagte Shaver triumphierend. »Wenn Sie keine Einwände haben, finde ich, wir sollten ein Budget für das Projekt freimachen und schon mal anfangen. Ich vertrete das dann gegenüber meinen Leuten.«

Schließlich sprach Le Vigne.

»Gefällt Ihnen der Film, Miss Starheim?«

»Ich finde ihn wunderbar.«

»In welcher Sprache gedenken Sie ihn zu spielen?«

Zum allgemeinen Erstaunen erhob sich Miss Starheim.

»Ich muß jetzt gehen«, sagte sie mit ihrem schwachen, aber schmerzlichen Akzent.

»Setzen Sie sich hin, und beantworten Sie meine Frage«, sagte Le Vigne. »In welcher Sprache wollen Sie in dem Film auftreten?«

Miss Starheim schien den Tränen nahe.

»Wenn I gute teachers hätte, konnte ich dann thees role gut spielen«, stammelte sie.

»Aber das Script gefällt Ihnen.«

Sie zögerte.

»Ich finde ihn wunderbar.«

Le Vigne wandte sich an die anderen.

»Miss Starheim ist jetzt seit acht Monaten hier«, sagte er. »Sie hatte bisher drei Lehrer. Falls sich in den letzten drei Wochen nicht alles geändert haben sollte, beherrscht sie die folgenden drei Sätze. Sie kann ›Wie geht es Ihnen?‹ sagen; sie kann sagen: ›Ich finde ihn wunderbar‹, und sie kann ›Ich muß jetzt gehen‹ mit einer gewissen Geläufigkeit vortragen. Es hat sich leider herausgestellt, daß Miss Starheim eine absolute Lusche ist; das ist keine Beleidigung, da sie ohnehin nicht weiß, was das bedeutet. Wie dem auch sei –: hier haben Sie Ihren Star.«

Er wandte sich Dutch Waggoner zu, doch Dutch war bereits aufgesprungen.

»Carl, hör mal zu . . .«, sagte er abwehrend.

»Sie zwingen mich dazu«, sagte Le Vigne. »Säufern habe ich bis zu einem gewissen Punkt vertraut, aber ich will verdammt sein, wenn ich mich von einem Fixer verladen lasse.«

Er wandte sich Harmon Shaver zu.

»Dutch war insgesamt genau eine geschlagene Woche

lang zu gebrauchen – und das in vier Filmen. Im Augenblick ist er sauber, aber wenn der Streß beginnt, braucht er wieder die kleinen weißen Pülverchen. Sei still, Dutch! Sag' nichts, was du später bereuen würdest. Wir füttern dich mit durch, und wir *hoffen* auf dich . . ., aber ins Studio lassen wir dich erst, wenn du die ärztliche Bescheinigung vorlegen kannst, daß du ein Jahr lang sauber geblieben bist.«

Er wandte sich wieder an Harmon.

»Da haben Sie Ihren Regisseur. Ihr Produktionsassistent, Jeff Manfred, ist nur aus einem einzigen Grunde hier: er ist der Vetter von Behrers Frau. Ich habe sonst nichts weiter gegen ihn, aber er gehört zu den Zeiten des Stummfilms wie . . . wie . . .« Seine Augen fielen auf einen schwankenden, gebrochenen Mann, ». . . wie Pat Hobby.«

»Was wollen Sie damit sagen?« fragte Jeff.

»Sie haben Pat Hobby geglaubt? Das sagt doch alles.« Wieder wandte er sich an Shaver. »Jeff ist ein Traumtänzer, und er kann das Wasser nicht halten. Mr. Shaver, Sie haben mir da eine ganze Menge schadhaftes Material ins Haus gekarrt.«

»Immerhin habe ich eine gute Story eingekauft«, sagte Shaver trotzig.

»Ja. Das stimmt. Wir machen die Story.«

»Ist das nichts?« fragte Shaver. »Wie sollte ich denn bei all dieser Heimlichtuerei wissen können, was mit Mr. Waggoner und Miss Starheim los ist? Aber eine gute Story erkenne ich auf Anhieb.«

»Ja«, sagte Le Vigne geistesabwesend. Er stand auf. »Ja . . . eine gute Story ist das . . . Kommen Sie mit in mein Büro, Pat.«

Er war schon an der Tür. Pat warf einen letzten brechenden Blick auf Mr. Shaver, als sei von diesem Hilfe zu erwarten. Dann folgte er matt.

»Setzen Sie sich, Pat.«

»Dieser Eric hat Talent, was?« sagte Le Vigne. »Der bringt es noch zu was. Wie haben Sie ihn aufgestöbert?«

Pat fühlte, wie die Riemen des elektrischen Stuhls um ihn festgezurrt wurden.

»Naja. So aufgestöbert eben. Er . . . ist zu mir ins Büro gekommen.«

»Er kommt bei uns auf die Gehaltsliste«, sagte Le Vigne. »Wir sollten mal ein System ausarbeiten, damit diese Kinder eine Chance kriegen.«

Er führte ein kurzes Gespräch auf der Gegensprechanlage und schwang dann seinen Stuhl zu Pat herum.

»Aber wie sind Sie bloß an diesen gottverdammten Shaver geraten. *Sie*, Pat . . . ein alter Hase wie Sie?«

»Tja, ich dachte . . .«

»Warum verzieht er sich nicht an die Ostküste?« fuhr Le Vigne angeekelt fort. »Statt dessen bringt er euch arme alte Kacker durcheinander!«

Das Blut floß in Pats Adern zurück. Er wußte, wenn man ihn rief; das war für ihn wie der Pfiff für einen Hund.

»Aber eine Story habe ich Ihnen verschafft, oder etwa nicht?« sagte er, nicht ganz ohne Prahlerei. Und er fügte hinzu: »Und woher wußten Sie das alles?«

»Ich habe Estelle im Krankenhaus besucht. Sie hat mit diesem Kind zusammen daran gearbeitet. Bin richtig hineingeplatzt.«

»Oh«, sagte Pat.

»Ich kannte das Kind doch vom Sehen. Nun sagen Sie

mir das eine, Pat: dachte Jeff Manfred, Sie hätten das Drehbuch selbst verfaßt –, oder war er in die Schweinerei eingeweiht?«

»Mein Gott«, trauerte Pat. »Warum muß ich das beantworten?«

Le Vigne beugte sich eindringlich vor.

»Pat, Sie sitzen über einer Falltür!« sagte er, und wild funkelten seine Augen. »Sehen Sie nicht die merkwürdigen Schnittlinien im Teppich? Ich brauche nur auf diesen Knopf zu drücken, und Sie fahren zur Hölle. Werden Sie *reden*?«

Pat war aufgesprungen und starrte alarmiert den Fußboden an.

»Ich werde reden!« schrie er. Er glaubte es; er glaubte solche Sachen.

»Na schön«, sagte Le Vigne und entspannte sich. »In der Anrichte steht ein Whiskey. Reden Sie schnell, und ich gebe Ihnen noch einen Monat zu zweifünfzig. Irgendwie tut mir Ihre Anwesenheit wohl.«

Ein patriotischer Kurzfilm

Pat Hobby hatte – als Mann und als Schriftsteller – seine großen Erfolge in Hollywood während jener Epoche gehabt, die Irvin Cobb als »das Mosaik-Swimming-pool-Zeitalter« bezeichnet, »kurz bevor man einen Schienbeinknochen vom Heiligen Sebastian als Schaltknüppel im Auto haben mußte«.

Mr. Cobb übertreibt zweifellos, denn als Pat in den fetten Jahren des Stummfilms seinen Pool hatte, war dieser durch und durch aus Zement, wenn man von den Rissen absieht, durch die sich das Wasser störrisch seinen Weg ins Erdreich fraß, um mit dem Grundwasser wiedervereinigt zu sein.

»Aber ein Pool war es«, bestätigte er sich mehr als eine Dekade später. Auch wenn er jetzt überaus dankbar für den kleinen Auftrag war, den ihm Produzent Berners verschafft hatte – eine Woche zu zweifünfzig –, so konnten ihm alle Ungebührlichkeiten, die das Büroleben mit sich brachte, diese Erinnerung nicht nehmen.

Er war ins Studio gebeten worden, um einen bescheidenen Kurzfilm zu überarbeiten. Dieser basierte auf der Laufbahn von General Fitzhugh Lee, der erst für die Konföderation und dann für die Vereinigten Staaten gegen Spanien gekämpft hatte –, so daß weder Nord noch Süd beleidigt sein konnten. Und in der gerade beendeten Konferenz hatte Pat sich bemüht, etwas beizutragen.

»Ich dachte mir«, hatte er seinen Vorschlag an Jack Berners eingeleitet, »es wäre vielleicht gut, wenn wir der Sache einen jüdischen Touch geben könnten.«

»Wie meinen Sie das?« fragte Jack Berners schnell.

»Na, ich meine, so, wie die Dinge liegen, wäre es vielleicht eine gute Sache, wenn wir zeigen, daß auch eine ganze Reihe Juden damit zu tun hatten.«

»Womit?«

»Na, mit dem Bürgerkrieg.« Er ging im Geiste schnell seine spärlichen Geschichtskenntnisse durch. »Hatten sie doch, oder?«

»Natürlich«, sagte Berners mit einer gewissen Ungeduld. »Ich vermute, außer den Quäkern hatten alle etwas damit zu tun.«

»Naja, und ich hatte die Idee, daß dieser Fitzhugh Lee in ein jüdisches Mädchen verliebt ist. Es ist also Ausgangssperre, und sie schnappt sich eine Kirchenglocke . . .«

Jack Berners lehnte sich ernsthaft auf den Tisch.

»Sagen Sie mal, Pat, Sie wollen diesen Job doch, oder? Na also. Ich habe Ihnen die Story erzählt. Sie haben den ersten Drehbuchentwurf. Wenn Sie sich diesen Quatsch ausgedacht haben, um mir zu imponieren, haben Sie sich nicht mehr ganz im Griff.«

Sprach man so mit einem Mann, der einst einen Swimming-pool besessen hatte, über den keine Geringere als . . .

Auf diese Weise begann er, über seinen lange verlorenen Swimming-pool nachzugrübeln, als er den Kurzfilm-

Trakt betrat. Er erinnerte sich in allen Einzelheiten an einen bestimmten Tag, als er in seinem von einem Filipino gesteuerten Auto beim Studio vorgefahren war; an die ehrerbietige Verbeugung des Wachpostens am Tor, der ihn, sein Auto und alles andere aufs Gelände gewunken hatte; erinnerte sich, wie er zu seinem Büro emporgeklommen war, welches ein Vorzimmer plus Sekretärin besaß und in Wirklichkeit das Büro eines Regisseurs war ...

Seine Träumerei wurde jäh von der Stimme Ben Browns unterbrochen, dem Oberhaupt der Kurzfilmabteilung, der ihn in seine Räume führte.

»Jack Berners hat mich gerade angerufen«, sagte er. »Wir wollen keinen neuen Gesichtspunkt, Pat. Wir haben bereits eine gute Story. Fitzhugh Lee war ein fescher Kavallerie-Kommandant. Er war der Neffe von Robert E. Lee, und wir wollen zeigen, wie er vor Appomatox liegt, verbittert, alles. Und dann wollen wir zeigen, wie er sich wieder fängt – wir müssen aufpassen; in Virginia wimmelt es nur so von Lees –, und wie er schließlich von Präsident McKinley einen US-Auftrag annimmt ...«

Pats Geist schweifte in die Vergangenheit zurück. Der Präsident ... Das war das Zauberwort, das auch jenen Morgen vor vielen Jahren bestimmt hatte. Der Präsident der Vereinigten Staaten sollte das Studiogelände besichtigen. Alle waren aus dem Häuschen, denn noch nie zuvor hatte ein Präsident der Vereinigten Staaten ein Filmstudio besucht. Die leitenden Herren hatten sich alle feingemacht; von einem Fenster seines lang eingebüßten Hauses in Beverly Hills hatte Pat Mr. Maranda gesehen –, dessen Villa der seinen benachbart war –, wie er um neun Uhr morgens im Cutaway den Kiesweg hinunterhetzte, und da war ihm klargeworden, daß etwas Großes bevorstand. Er dachte, vielleicht habe sich die Geistlichkeit ein Stelldichein gegeben, aber als er das Gelände erreichte, erfuhr er, daß es der Präsident der Vereinigten Staaten war, dessen Besuch erwartet wurde ...

»Entschärfen Sie die Sache mit Spanien«, sagte Ben Brown. »Der Typ, der das Drehbuch geschrieben hat, war ein Roter, und bei ihm haben alle spanischen Offiziere Hummeln in der Hose. Bringen Sie das in Ordnung.«

In dem Büro, das man ihm zugewiesen hatte, betrachtete Pat das Script von *Zwei Flaggen und ein Herz.* In der ersten Einstellung erfährt General Fitzhugh Lee an der Spitze seiner Kavallerie, daß Petersburg evakuiert worden ist. Laut Script verarbeitete Lee diesen Schicksalsschlag pantomimisch, aber Pat bekam zweifünfzig die Woche; also schrieb er – beiläufig und ohne sichtbare Anstrengung – eine seiner liebsten Zeilen nieder:

Lee (zu seinen Offizieren):
Was steht ihr da herum und glotzt? Unternehmt etwas!

6. Halbtotale. Die Offiziere rappeln sich auf, schlagen sich gegenseitig auf die Schultern usw.
Überblenden zu:

Ja, wozu? Pats Geist blendete sich wieder aus und hinüber in die glanzvolle Vergangenheit. An jenem frohen Tag in den zwanziger Jahren hatte um die Mittagszeit das Telefon geläutet. Es war Mr. Maranda gewesen.

»Pat, der Präsident nimmt im privaten Speisesaal das

Mittagessen ein. Doug Fairbanks kann nicht kommen; deshalb ist ein Stuhl frei, und wir dachten sowieso, es ist besser, wenn auch ein Drehbuchautor dabei ist.«

Die Erinnerung an dieses glanzvolle Diner ließ sein Herz höher schlagen. Der Große Mann hatte ein paar den Film betreffende Fragen gestellt und einen Witz erzählt, und Pat hatte mit den anderen gelacht und gelacht – allesamt gestandene Männer – reich, glücklich und erfolgreich.

Danach sollte der Präsident einige Ateliers besichtigen und bei ein paar Dreharbeiten zusehen, und danach sollte er bei Mr. Maranda zu Hause einige der weiblichen Filmstars zum Tee treffen. Zu dieser Party war Pat nicht eingeladen, aber er ging früh nach Hause und beobachtete von der Veranda aus, wie das Gefolge vorfuhr; Mr. Maranda saß hinten, neben dem Präsidenten. Damals war er stolz auf das Filmgewerbe, stolz auf die Stellung, die er dort innehatte, stolz auf den Präsidenten des glücklichen Landes, in dem er, Pat Hobby, geboren war ...

In die Realität zurückgekehrt, blickte Pat auf das Drehbuch von *Zwei Flaggen und ein Herz* und schrieb langsam und wohlüberlegt: *Insert: Ein Kalender; die Jahreszahlen sind deutlich zu erkennen. Sie werden von einem kalten Wind davongeweht, damit man sieht, daß Fitzhugh Lee immer älter wird.*

Seine Mühen hatten ihn durstig gemacht; sein Durst richtete sich nicht auf Wasser, aber er war gut genug beraten, um am ersten Tag eines neuen Jobs nichts zu sich zu nehmen. Er stand auf und ging über den Flur zum Eiswasserspender.

Im Gehen verfiel er wieder in seine Träumerei.

Es war ein herrlicher kalifornischer Nachmittag gewesen, und deshalb hatte Mr. Maranda seine aufgekratzten Gäste mitsamt dem Gefolge der Stars in den Garten gebeten, und dieser Garten grenzte an Pats Garten. Pat war durch die Hintertür aus seinem Haus gegangen und strich gebückt an einer Ligusterhecke entlang, um nicht gesehen zu werden; und plötzlich stand er von Angesicht zu Angesicht dem Präsidenten gegenüber.

Der Präsident hatte gelächelt und genickt. Mr. Maranda hatte gelächelt und genickt.

»Sie haben Mr. Hobby bereits beim Mittagessen kennengelernt«, sagte Mr. Maranda. »Er ist einer unserer Autoren.«

»Ah ja«, sagte der Präsident, »Sie schreiben also die Filme.«

»Ja, genau«, hatte Pat gesagt.

Der Präsident ließ seinen Blick über Pats Besitz schweifen.

»Ich könnte mir vorstellen . . .«, sagte er, ». . . daß Sie eine ganze Menge Inspirationen bekommen, wenn Sie so an diesem schönen Swimming-pool sitzen.«

»Ja«, sagte Pat, »ja, genau.«

. . . Pat füllte seinen Becher am Wasserspender. Vom anderen Ende des Flurs näherte sich eine Gruppe: Jack Berners, Ben Brown und mehrere andere leitende Herren, und sie hatten ein Mädchen bei sich, mit dem sie überaus zuvorkommend und unterwürfig verkehrten. Er erkannte ihr Gesicht: sie war das Girl des Jahres, das Totale Girl, das Absolute Girl, das Au-Backe-Girl, das Glamour-Girl, das Girl, um das sich alle Filmgesellschaften rissen.

Pat brütete über seinem Getränk. Er hatte miterlebt, wie ein falscher Stern nach dem anderen auf- und wieder unterging, aber dieses Mädchen *hatte* es; sie war dazu angetan, den Puls eines jeden in der Nation zu beschleunigen. Er spürte bereits, wie sein Herz schneller zu schlagen begann. Schließlich, als sich die Prozession genähert hatte, stellte er den Becher ab, fuhr sich mit der Hand durchs Haar und wagte einen Schritt auf die Mitte des Korridors zu.

Das Mädchen sah ihn an; er sah das Mädchen an. Dann hakte sie sich mit einem Arm bei Jack Berners unter und mit dem anderen bei Ben Brown, und plötzlich schien die Gesellschaft direkt durch ihn hindurchzugehen, und er mußte an die Wand zurücktreten.

Einen Augenblick später drehte sich Jack Berners um und sagte: »Tag, Pat.« Und dann warfen einige der anderen halbe Blicke hinter sich. Aber niemand sprach; alle waren viel zu sehr an dem Mädchen interessiert.

In seinem Büro betrachtete Pat die Szene, in der Präsident McKinley Fitzhugh Lee ein Offizierspatent in der Armee der Vereinigten Staaten anbietet. Plötzlich knirschte er mit den Zähnen und drückte kräftig auf den Bleistift, als er schrieb:

Lee

Mr. President, nehmen Sie Ihr Offizierspatent und rutschen Sie mir damit auf dem schnellsten Weg den Buckel runter.

Dann sank er auf seinem Schreibtisch zusammen; seine Schultern zuckten, als er an jenen Glückstag zurückdachte, als er noch einen Swimming-pool besaß.

AUF DEN SPUREN VON PAT HOBBY

I

Der Tag hatte schon dunkel begonnen, und ein kalifornischer Nebel kroch in jede Ritze. Er war Pat auf seiner überstürzten, hutlosen Flucht durch die ganze Stadt gefolgt. Sein Ziel, seine Zuflucht war das Studio, in dem er zwar nicht fest angestellt war, das ihm aber in den letzten zwanzig Jahren ein Heim geboten hatte.

War es Einbildung, oder bedachte der Polizist am Tor ihn und seinen Passierschein tatsächlich mit einem besonders langen Blick? Vielleicht lag es daran, daß er keinen Hut hatte; Hollywood war zwar voller hutloser Männer, aber Pat fühlte sich gezeichnet, um so mehr, als er keine Gelegenheit gehabt hatte, sich einen Scheitel durch das dünne, graue Haar zu ziehen.

In der Drehbuch-Abteilung suchte er die Toilette auf. Dann erinnerte er sich: Nach einem inspirierten Ukas von oben waren vor einem Jahr in der Drehbuch-Abteilung sämtliche Toilettenspiegel entfernt worden.

Auf der anderen Seite des Korridors stand Bee McIlvaines Tür offen, und er erkannte ihre molligen Umrisse.

»Bee, kannst du mir deine Puderdose leihen?« fragte er.

Bee sah ihn argwöhnisch an. Dann runzelte sie die Stirn und kramte die Dose aus ihrer Handtasche hervor.

»Hast du auf dem Gelände zu tun?« wollte sie wissen.

»Nächste Woche«, prophezeite er. Er legte die Puderdose auf ihren Schreibtisch und beugte sich mit seinem Kamm darüber. »Warum hängen die nicht wieder Spiegel in den Toiletten auf? Glauben die, daß sich die Autoren dann den ganzen Tag im Spiegel betrachten?«

»Weißt du noch, wie sie die Chaiselongues entfernt haben?« sagte Bee. »Das war neunzehnhundertzweiunddreißig. Und vierunddreißig haben sie sie dann wieder hingestellt.«

»Ich habe zu Hause gearbeitet«, sagte Pat mit Gefühl.

Nachdem er mit ihrem Spiegel fertig war, überlegte er, ob sie wohl für ein Darlehen gut sein mochte – genug, um einen Hut und etwas zu essen zu kaufen. Bee mußte den Ausdruck, der in seinen Augen lag, richtig gedeutet haben, denn sie kam ihm zuvor.

»Mein ganzes Geld ist für Pillen draufgegangen«, sagte sie, »und ich mache mir Sorgen um meinen Job. Entweder kommt mein Film morgen heraus, oder er landet im Keller. Wir haben noch nicht mal einen Titel.«

Sie überreichte ihm eine vervielfältigte Aktennotiz von der Abteilungsleitung, und Pat warf einen Blick auf die Überschrift:

An alle Abteilungen:
Titel gesucht – Fünfzig Dollar Belohnung
Inhaltsangabe siehe unten

»Die fünfzig könnte ich gebrauchen«, sagte Pat. »Worum geht's denn?«

»Das steht alles auf dem Zettel. Es handelt sich da um alles mögliche, was in Ferienkolonien passiert.«

Pat schrak auf und sah sie mit wilden Augen an. Er hatte gedacht, hinter den bewachten Toren sei er sicher, aber Neuigkeiten verbreiteten sich rasch. Dies war eine mehr oder weniger gutgemeinte Warnung. Er mußte weiter. Jetzt war er ein Verfolgter und hatte nichts mehr, auf das er seinen hutlosen Kopf betten konnte.

»Davon habe ich nicht die mindeste Ahnung«, murmelte er und verließ hastig das Zimmer.

II

Als er die Kantine betreten hatte, sah er sich um. Außer dem Mädchen am Zigarettenstand war kein Wächter zu sehen, aber wenn man an den Hut eines anderen gelangen wollte, gab es eine Komplikation: die Hutnummer war durch einen oberflächlichen Blick schwer abzuschätzen; ein Mann aber, der in einer Garderobe mehrere Hüte anprobiert, macht sich unweigerlich verdächtig.

Ebenso war der persönliche Geschmack hinderlich. Pat war von einem weichen grünen Filzhut mit einem kecken Federchen angetan, aber der wäre zu leicht zu identifizieren gewesen. Dasselbe traf auf einen schönen weißen Stetson für das Leben unter freiem Himmel zu. Schließlich entschied er sich für einen soliden grauen Homburg, der aussah, als werde er ihm gute Dienste leisten. Mit bebenden Händen setzte er ihn auf. Er paßte. Er entfernte sich wieder – in schmerzhafter, nicht endenwollender Zeitlupe.

Sein Selbstvertrauen wurde in der nächsten Stunde durch den Umstand, daß niemand, den er traf, Bemerkungen über Ferienhäuser machte, teilweise wiederhergestellt. Es waren drei magere Monate für Pat gewesen. Er hatte seinen Job bei der Firma *Selecto Tourist Cabins* als reine Zwischenlösung angesehen, die er Freunden gegenüber nie und nimmer erwähnen wollte. Aber als heute morgen die Polizei eine Razzia veranstaltet hatte, waren die Polizisten lange genug dagewesen, um bei Pat – oder Don Smith, wie er sich nannte – alle Zweifel daran auszuräumen, daß er als Zeuge würde aussagen müssen. Die Geschichte seiner Flucht ist der Kunstform des Melodrams zuzuordnen; wie er durch die Hintertür verschwand; wie er sich einen Viertelliter dessen, was er jetzt so nötig brauchte, im Drugstore an der Ecke kaufte; wie er sich seinen Weg durch die große Stadt per Anhalter gebahnt hatte; wie er beim Anblick von Verkehrspolizisten erstarrt war; und wie er erst wieder frei atmen konnte, als er hoch oben das Emblem der Filmgesellschaft erblickte.

Nachdem er kurz bei Louie, dem Studio-Buchmacher, dessen großer Kunde er einst gewesen war, vorbeigeschaut hatte, besuchte er Jack Berners. Er hatte keine Idee beizusteuern, aber er erwischte Jack, als dieser gerade in großer Eile zu einer Produktionskonferenz aufbrach und wurde auf diese Weise unerwartet zum Eintreten aufgefordert, um auf Jacks Rückkehr zu warten.

Das Büro war reich und komfortabel ausgestattet. Auf dem Tisch lagen keine lesenswerten Briefe, aber in einem Schrank stand eine Karaffe mit Gläsern, und bald legte er sich auf die große, weiche Couch und schlief ein.

Er wurde von Berners' Rückkehr geweckt, die von lautstarker Indignation geprägt war.

»So ein verdammter Irrsinn! Da rufen sie uns zu einer Blitzkonferenz – sämtliche Abteilungsleiter. Einer kommt zu spät, und wir müssen auf ihn warten. Dann kommt er rein und wird zusammengesaut, weil er Zeit im Werte von mehreren tausend Dollars verplempert hat. Und nun raten Sie mal, was jetzt kommt: Mr. Marcus hat seinen Lieblingshut verloren!«

Es gelang Pat nicht, diese Tatsache mit sich selbst in Verbindung zu bringen.

»Sämtliche Abteilungsleiter unterbrechen die Produktion!« fuhr Berners fort. »Zweitausend Menschen suchen einen grauen Homburg!« Er sank verzweifelnd in einen Stuhl. »Ich kann mich heute nicht mit Ihnen unterhalten, Pat. Ich muß bis vier Uhr einen Titel für einen Film über ein Touristencamp mit Ferienhäusern gefunden haben. Haben Sie eine Idee?«

»Nein«, sagte Pat. »Nein.«

»Dann gehen Sie zu Bee McIlvaine ins Büro und helfen ihr beim Ausknobeln. Fünfzig Dollar können dabei rausspringen.«

Pat wanderte benommen zur Tür.

»He«, sagte Berners, »vergessen Sie Ihren Hut nicht.«

III

Pat saß in Bee McIlvaines Büro und spürte die Wirkungen eines außerhalb der Legalität verbrachten Tages und eines Schwenkers von Berners' Cognac.

»Wir müssen einen Titel finden«, sagte Bee düster.

Sie gab Pat die vervielfältigte Notiz, in der die fünfzig Dollar Belohnung angeboten wurden, und drückte ihm einen Bleistift in die Hand. Pat starrte das Papier an, ohne etwas zu sehen.

»Na, wie ist es?« fragte sie. »Hast du einen Titel?«

Eine lange Stille senkte sich auf das Büro.

»*Test Pilot* hat's schon mal gegeben, oder?« sagte er mit vagem Ton.

»Wach auf! Dieser Film hat doch nichts mit Luftfahrt zu tun.«

»Ich fand ja auch nur, daß das ein guter Titel ist.«

»Das ist *Birth of a Nation* auch.«

»Aber nicht für diesen Film«, maulte Pat. »*Birth of a Nation* würde diesem Film nicht gerecht.«

»Willst du mich auf den Arm nehmen?« wollte Bee wissen. »Oder verlierst du gerade den Verstand? Das ist eine ernste Angelegenheit.«

»Schon gut, ich weiß.« Er kritzelte matt Worte auf den unteren Rand der Notiz. »Ich habe mir nur ein paar Drinks genehmigt, das ist alles. In einer Minute habe ich wieder einen klaren Kopf. Ich überlege gerade, was die erfolgreichsten Titel waren. Das Dumme ist nur, daß sie alle schon mal verwendet worden sind, wie zum Beispiel *It Happened One Night*.«

Bee sah ihn unbehaglich an. Er hatte Mühe, die Augen offenzuhalten, und sie wollte nicht, daß er in ihrem Büro einschlief. Nach einer Weile rief sie Jack Berners an.

»Könnten Sie vielleicht mal bei mir reinschauen? Ich habe ein paar Ideen für den Titel.«

Jack erschien mit einem Bündel Vorschläge, die aus

allen Bereichen des Studios eingesandt worden waren; er war jedoch nicht fündig geworden.

»Wie sieht's aus, Pat? Haben Sie was?«

»*It Happened One Morning* finde ich gar nicht mal schlecht«, sagte er und sah dann verzweifelt die Kritzeleien auf der vervielfältigten Notiz an, »oder meinetwegen auch *Grand Motel*.«

Berners lächelte.

»*Grand Motel*«, wiederholte er. »Mein Gott! Ich glaube, da haben Sie etwas gefunden. *Grand Motel*.«

»Ich habe *Grand Hotel* gesagt«, sagte Pat.

»Nein, das haben Sie nicht. Sie haben *Grand Motel* gesagt; und das soll mir die fünfzig wert sein.«

»Ich muß mich hinlegen«, verkündete Pat. »Mir ist nicht gut.«

»Gegenüber ist ein leeres Büro. Das ist eine komische Idee, Pat: *Grand Motel* ... oder vielleicht *Der Motelportier*. Wie gefällt Ihnen das?«

Als der Flüchtling überhastet durch die Tür strebte, drückte Bee ihm den Hut in die Hand.

»Gute Arbeit, Oldtimer«, sagte sie.

Pat ergriff den Hut von Mr. Marcus und hielt ihn wie eine Suppenschüssel.

»Geht mir ... schon ... besser«, murmelte er nach einem Moment. »Ich komme dann wegen des Geldes noch mal vorbei.«

Er trug seine Bürde und wankte aufs Klo.

DIE FREUDEN DER KUNST
(EIN BLICK INS ATELIER)

I

Das war im Jahre 1938, als außer den Deutschen noch kaum jemand wußte, daß sie ihren Krieg um Europa bereits gewonnen hatten. Damals kümmerten sich die Menschen noch um Kunst. Sie verarbeiteten alles zu Kunst, von alten Kleidern bis zur Apfelsinenschale. Und auf diese Weise stieß auch die Fürstin Dignanni auf Pat Hobby. Sie wollte ihn zu Kunst verarbeiten.

»Nein, Sie nicht, Mr. DeTinc«, sagte sie. »Sie kann ich nicht malen. Sie sind nämlich ein sehr standardisiertes Produkt, Mr. DeTinc.«

Mr. DeTinc, der beim Film etwas darstellte und sogar zusammen mit Mr. Duchman, dem Spezialisten für verbotene Träume, fotografiert worden war, trat geschmeidig beiseite, um nicht im Weg zu sein. Er war nicht beleidigt; Mr. DeTinc war sein Lebtag noch nicht beleidigt gewesen; aber in diesem Fall war er schon gar nicht beleidigt, denn die Fürstin hatte sich ebenfalls geweigert, Clark Gable, Spencer Rooney oder Vivien Leigh zu malen.

Sie sah Pat in der Intendanzkantine, fand heraus, daß er Autor sei, und bat, man möge ihn auf Mr. DeTincs Party einladen. Die Fürstin war eine schöne Frau und aus Boston, Massachusetts, gebürtig; Pat war neunundvierzig, er hatte rotgeränderte Augen, und sein Atem war von Whiskey durchschmeichelt.

»Sie schreiben Drehbücher, Mr. Hobby?«

»Ich helfe dabei«, sagte Pat. »Man braucht mehr als eine Person, um ein Script vorzubereiten.«

Er fühlte sich von der Aufmerksamkeit geehrt und war nicht die Spur mißtrauisch. Daß er überhaupt einen Job hatte, lag daran, daß der Leiter der Drehbuch-Abteilung ein Nervenbündel war und schon vor einer Woche vergessen hatte, daß Pat überhaupt auf der Gehaltsliste stand. Nachdem Pat in der Kantine entdeckt und zu Mr. DeTinc nach Hause eingeladen worden war, verbrachte der Schriftsteller ein *mauvais quart d'heure*. Die Party ähnelte nicht entfernt den Parties, die Pat in seinen glücklichen Tagen gekannt hatte. Kein einziger Betrunkener lag weggetreten auf dem Klo im Erdgeschoß.

»Ich könnte mir vorstellen, daß man als Drehbuchautor recht gut verdient«, sagte die Fürstin.

Pat sah sich um, um festzustellen, wer sich in Hörweite befand. Mr. DeTinc hatte seinen massigen Körper zwar davongewuchtet, aber eins seiner offenbar voneinander unabhängigen Augen schien funkelnd auf Pat gerichtet zu sein.

»Sogar sehr gut«, sagte Pat – und fügte leiser hinzu: »Wenn man Arbeit kriegt.«

Die Fürstin schien zu verstehen und dämpfte ihre Stimme ebenfalls.

»Meinen Sie damit, daß Autoren schwer Arbeit finden?«

Er nickte.

»In den Gewerkschaften sitzen schon zuviele Autoren.« Um Mr. DeTinc zu gefallen, hob er die Stimme ein wenig. »Alles Rote, die meisten Autoren.«

Die Fürstin nickte.

»Könnten Sie Ihr Gesicht ein wenig ins Licht rücken?« sagte sie höflich. »Ja. Sehr gut. Sie hätten doch nichts dagegen, morgen in mein Atelier zu kommen? Um mir eine Stunde lang Modell zu sitzen?«

Er unterzog sie einer zweiten genauen Prüfung.

»Nackt?« fragte er vorsichtig.

»Oh, nein«, versicherte sie. »Mir geht's nur um den Kopf.«

Mr. DeTinc kam näher und nickte.

»Sie sollten unbedingt hingehen. Die Fürstin Dignanni wird einige der größten Stars malen. Jack Benny und Baby Sandy und Hedy Lamarr . . . Stimmt's, Fürstin?«

Die Fürstin antwortete nicht. Sie war eine recht gute Porträtmalerin und wußte sehr genau, wie gut sie war und wieviel sie selbst zu dieser Güte beitrug. Sie schwankte zwischen ihren verschiedenen Schulen; Picassos rosa Periode mit einem Hauch von Boldini – oder unverfälschter Reginald Marsh. Aber sie wußte, wie sie ihren Stil nennen würde. Sie würde ihn *Hollywood/ Vine* nennen.

II

Trotz der Versicherung, er werde sich nicht ausziehen müssen, erwartete Pat das Zusammentreffen mit Unbehagen. Als er noch jung und beeinflußbar gewesen, hatte er durch ein Guckloch in eine Maschine gelugt, in der nacheinander zwei Dutzend Postkarten heruntergeklappt wurden. Die Geschichte, die sich da entwickelte, hieß *Die Freuden der Kunst (ein Blick ins Atelier).* Selbst heute noch, da Striptease eine legale, steuerpflichtige Einrichtung war, schockierte ihn die Erinnerung daran ein wenig, und als er sich am nächsten Tag im Bungalow der Fürstin beim Beverly Hills Hotel einfand, hätte es ihn nicht überrascht, wenn sie zu seinem Empfang in ein türkisches Badetuch gehüllt gewesen wäre. Er wurde enttäuscht. Sie trug einen Kittel, und ihr schwarzes Haar war wie bei einem Knaben streng zurückgekämmt.

Pat hatte unterwegs ein paarmal Station gemacht, um sich zu erfrischen, aber seine ersten Worte, »Na, Fürstin, alles klar?«, vermochten jenen jovialen Ton nicht zu treffen, der der Gelegenheit angemessen war.

»Nun, Mr. Hobby«, sagte sie kühl, »es ist nett, daß Sie mir einen Nachmittag opfern wollen.«

»Wir arbeiten in Hollywood nicht allzu verbissen«, beruhigte er sie. »Alles ist ›mañana‹ . . . Das ist spanisch und heißt ›morgen‹.«

Sie führte ihn sogleich in ein rückwärtiges Zimmer, in dem eine Staffelei auf einem quadratischen Stück Leinwand am Fenster stand. Eine Couch stand auch da, und sie setzten sich.

»Ich möchte mich kurz ein bißchen an Sie gewöhnen«, sagte sie. »Haben Sie schon einmal Modell gesessen?«

»Sehe ich so aus?« Er zwinkerte ihr zu, und als sie lächelte, fühlte er sich besser und fragte: »Sie haben nicht zufällig was zu trinken da, oder?«

Die Fürstin zögerte. Sie hatte gewollt, daß er so aussähe, als *brauche* er einen Drink. Sie schloß einen Kompromiß und ging zum Eisschrank, um ihm einen kleinen Highball zu machen. Als sie zurückkam, stellte sie fest, daß er Jackett und Krawatte abgelegt hatte und nun zwanglos auf der Couch lag.

»Viel besser«, sagte die Fürstin. »Ihr Hemd. – Ich glaube, diese Hemden werden eigens für Hollywood hergestellt – wie diese bedruckten Stoffe für Ceylon und Guatemala. Nun trinken Sie das mal, und dann machen wir uns an die Arbeit.«

»Warum holen Sie sich nicht auch was zu trinken, und wir machen es uns ein bißchen nett?« schlug Pat vor.

»Ich habe mir in der Pantry schon einen genehmigt«, log sie.

»Verheiratet?« fragte er.

»Ich war verheiratet. Würde es Ihnen jetzt etwas ausmachen, sich auf diesen Hocker zu setzen?«

Pat stand widerstrebend auf, schluckte den Highball herunter, fühlte sich von dem schwachen Geschmack gefoppt und bewegte sich auf den Hocker zu.

»Sitzen Sie jetzt bitte ganz still«, sagte sie.

Sie arbeitete, und er saß ganz still. Es war drei Uhr. In Santa Anita lief jetzt das dritte Rennen, und er hatte genau zehn Dollar. Insgesamt schuldete er Louie, dem Studio-Buchmacher, sechzig, und Louie stand an jedem Donnerstag entschlossen neben ihm am Lohnschalter. Diese Dame hatte gute Beine unter der Staffelei; ihm gefielen ihre roten Lippen und die Art, wie sie ihre nackten Arme beim Arbeiten bewegte. Früher hätte er keine Frau über fünfundzwanzig angesehen, wenn sie nicht gerade seine Sekretärin war und ihm im eigenen Büro ausgeliefert. Aber die Kinder heutzutage waren ja viel zu patzig; immer gleich mit der Polizei drohen: das war alles, was sie konnten.

»Bitte, sitzen Sie still, Mr. Hobby.«

»Können wir nicht mal aufhören«, schlug er vor. »Diese Arbeit macht einen ganz schön durstig.«

Die Fürstin hatte eine halbe Stunde lang gemalt. Nun hielt sie inne und starrte ihn kurz an.

»Mr. Hobby, Sie sind mir von Mr. DeTinc ausgeliehen worden. Warum benehmen Sie sich nicht ganz natürlich; so, als würden Sie im Studio Überstunden machen? Es dauert nur noch eine halbe Stunde.«

»Und was springt für mich dabei raus?« fragte er. »Ich bin schließlich kein Modellsitzer; ich bin Autor.«

»Ihr Studio-Gehalt beziehen Sie aber doch weiter«, sagte sie und nahm die Arbeit wieder auf. »Ist es denn so schlimm, wenn Mr. DeTinc möchte, daß Sie so etwas machen?«

»Es ist was anderes. Sie sind eine Dame. Ich muß schließlich auch ein bißchen an meine Selbstachtung denken.«

»Was erwarten Sie denn von mir? Soll ich etwa mit Ihnen flirten?«

»Nein. So ein alter Hut. Aber ich dachte mir, wir könnten uns vielleicht ein bißchen nett hinsetzen und einen heben.«

»Vielleicht später«, sagte sie, und dann fügte sie hinzu: »Ist das hier denn soviel unangenehmer als die Arbeit im Studio? Ist es so schrecklich, mich anzusehen?«

»Dagegen habe ich ja gar nichts, aber könnten wir uns nicht aufs Sofa setzen?«

»Im Studio sitzen Sie doch auch nicht auf dem Sofa.«

»Doch. Immer. Hören Sie zu: Gehen Sie mal in die

Drehbuchabteilung und probieren Sie an jeder Tür aus, ob Sie reinkommen oder nicht. Nicht wenige Türen werden Sie verschlossen vorfinden; vergessen Sie das nicht.«

Sie trat einen Schritt zurück und sah ihn unschlüssig an.

»Abgeschlossen? Um ungestört zu sein?« Sie legte ihren Pinsel beiseite. »Ich hole Ihnen was zu trinken.«

Als sie zurückkam, mußte sie einen Augenblick auf dem Flur stehenbleiben: Pat stand mitten im Zimmer; er hatte sich das Hemd ausgezogen und hielt es ihr einfältig entgegen.

»Hier ist das Hemd«, sagte er. »Sie können es behalten. Ich weiß, wo ich neue kriege.«

Sie betrachtete ihn noch einen Augenblick länger; dann nahm sie das Hemd und legte es aufs Sofa.

»Setzen Sie sich, damit ich fertig werde«, sagte sie. Als er zögerte, fügte sie hinzu: »Danach heben wir dann einen.«

»Und wann soll das sein?«

»In fünfzehn Minuten.«

Sie arbeitete schnell; oft war sie mit der unteren Gesichtspartie zufrieden; oft bedachte sie alles neu und fing von vorne an. Etwas, das sie in der Intendanzkantine gesehen hatte, schien zu fehlen.

»Malen Sie schon lange?« fragte Pat.

»Oh, ja.«

»Schon oft in Ateliers gewesen?«

»Natürlich. Ich hatte schon mehrere eigene Ateliers.«

»Ich könnte mir vorstellen, daß es in diesen Ateliers ganz schön hoch hergeht. Haben Sie schon mal . . .«

Er zögerte.

»Schon mal was?« faßte sie nach.

»Haben Sie schon mal einen nackten Mann gemalt?«

»Wenn Sie jetzt mal eine Minute lang nicht sprechen wollten.« Sie hielt inne, den Pinsel erhoben, schien zu lauschen, führte dann einen flinken Pinselstrich aus und betrachtete das Ergebnis zweifelnd.

»Wissen Sie eigentlich, daß Sie gar nicht so leicht zu malen sind?« sagte sie und legte den Pinsel nieder.

»Diese Modellsitzerei gefällt mir eh nicht«, gab er unumwunden zu. »Machen wir doch einfach Schluß.« Er erhob sich. »Warum... warum ziehen Sie sich nicht irgendwas Bequemeres an?«

Die Fürstin lächelte. Diese Geschichte wollte sie ihren Freunden erzählen; als Ergänzung zum Gemälde, falls das Gemälde gut werden sollte, was sie inzwischen bezweifelte.

»Sie sollten Ihre Methoden überdenken«, sagte sie. »Haben Sie viel Erfolg mit dieser Art von Annäherungsversuch?«

Pat entzündete eine Zigarette und setzte sich.

»Wenn Sie achtzehn wären, würde ich, überlegen Sie doch mal selber, einen Spruch machen, daß ich zum Beispiel verrückt nach Ihnen bin, oder sowas in der Preislage.«

»Aber warum müssen Sie überhaupt einen Spruch machen?«

»Nun langt's aber allmählich«, ließ er sie wissen. »Sie wollten mich malen, stimmt's?«

»Ja.«

»Naja, und wenn eine Dame will, daß ein Typ...« Pat bückte sich und löste seine Schnürsenkel, zappelte mit den Beinen, bis die Schuhe auf den Fußboden gefallen waren, und dann legte er seine bestrumpften Füße auf die Couch. ». . . wenn also eine Dame einen Typ treffen will, um etwas mit ihm zu besprechen, oder wenn ein Typ eine Dame treffen will, dann ist die Sache doch eigentlich mehr oder weniger gelaufen, kapiert?«

Die Fürstin seufzte. »Dann sitze ich wohl in der Falle«, sagte sie. »Die Sache wird aber noch komplizierter, wenn die Dame den Typ nur malen will.«

»Wenn eine Dame einen Typ malen will...« Pat schloß die Augen halb, nickte und klatschte ausdrucksvoll in die Hände. Als sich seine Daumen jedoch plötzlich den Hosenträgern näherten, sprach sie mit lauterer Stimme.

»Wachtmeister!«

Hinter Pat entstand ein Geräusch. Er wandte sich um und sah einen jungen Mann in Khaki mit glänzenden schwarzen Handschuhen, der in der Tür stand.

»Herr Wachtmeister, dieser Mann ist ein Angestellter von Mr. DeTinc. Mr. DeTinc hat ihn mir für heute nachmittag ausgeliehen.«

Der Polizist betrachtete das fleischgewordene Schuldbekenntnis auf der Couch.

»Frech geworden?« fragte er.

»Ich will von einer Beschwerde absehen; ich hatte vorher bei der Direktion angerufen, damit ich keine Schwierigkeiten bekomme. Er sollte mir nackt Modell sitzen, und jetzt weigert er sich plötzlich.« Sie ging unbekümmert zu ihrer Staffelei zurück. »Mr. Hobby, warum legen Sie diese falsche Scham nicht ab... Im Badezimmer finden Sie ein türkisches Handtuch.«

Pat tastete benommen nach seinen Schuhen. Irgendwie fiel ihm ein, daß in Santa Anita gerade das achte Rennen lief ...

»Jetzt mal los«, sagte der Werkschutz-Bulle. »Sie haben gehört, was die Dame gesagt hat.«

Pat stand unschlüssig auf und bedachte die Fürstin mit einem langen, brennenden Blick.

»Sie haben gesagt . . .«, sagte er heiser, »Sie wollen mich malen . . .«

»Und Sie haben gesagt, daß ich etwas ganz anderes wollte. Jetzt beeilen Sie sich bitte. Und in der Pantry finden Sie einen Drink, Herr Wachtmeister.«

. . . Ein paar Minuten saß Pat im Zentrum des Zimmers, und seine Erinnerung schweifte zu den Voyeur-Automaten seiner Jugend zurück –, obwohl er im Augenblick wenig Ähnlichkeit feststellen konnte. Immerhin war er für das türkische Badetuch dankbar; und immer noch machte er sich nicht klar, daß die Fürstin weniger an seiner verwüsteten Figur als an seinem Gesicht interessiert war.

Es trug genau den Ausdruck, der sie bereits in der Intendanzkantine so bestochen hatte, den Ausdruck nämlich, der den Hollywood/Vine-Stil ausmachte, das Alter ego von Mr. DeTinc . . . Und sie arbeitete schneller, um das restliche Tageslicht zu nutzen.

ZWEI OLDTIMER

Phil Macedon, einst der Star der Stars, und Pat Hobby (Drehbuchautor) waren auf dem Sunset Boulevard in der Nähe vom Beverly Hills Hotel miteinander kollidiert. Es war fünf Uhr früh, und Alkohol hing in der Luft, als sie sich stritten, und er hing immer noch in der Luft, als Sergeant Gaspar erschien und sie mit auf die Wache nahm. Pat Hobby, ein Mann von neunundvierzig Jahren, leistete Widerstand – offensichtlich weil Phil Macedon nicht einsehen wollte, daß sie alte Bekannte waren.

Aus Versehen versetzte Pat Sergeant Gaspar einen Hieb, woraufhin sich dieser so provoziert vorkam, daß er ihn in ein kleines vergittertes Zimmer sperrte, während alle auf das Eintreffen des Captains warteten.

Filmgeschichtlich gehörte Phil Macedon genau zwischen Eugene O'Brien und Robert Taylor. Er war immer noch ein gutaussehender Mann in den frühen Fünfzigern, und er hatte in den großen Tagen genug gespart, um sich eine Hacienda im San Fernando Valley kaufen zu können; dort genoß er seinen Ruhestand so ehrenvoll, so übermütig und mit denselben Vorstellungen vom Leben wie nur irgendein Aktiver.

Mit Pat Hobby war das Leben anders verfahren.

Nach einundzwanzig Jahren in der Branche, Drehbuch-
abteilung, Werbeabteilung, traf ihn dieser Unfall am
Steuer eines Wagens vom Baujahr 1933 an, der gerade
zum Eigentum der North Hollywood Finance and Loan
Company erklärt worden war. Dabei hatte er einmal,
1928 war das gewesen, einen Punkt erreicht, an dem
man soweit gegangen war, ihm für seinen privaten
Swimming-pool Angebote zu machen.

Finster stierte er aus seiner beengten Zelle, immer
noch darüber verstimmt, daß es Macedon nicht gelungen
war, sich an ihn zu erinnern.

»An Coleman erinnern Sie sich vermutlich auch
nicht«, sagte er sarkastisch. »Oder an Connie Talmadge
oder Bill Corker oder Allan Dwan.«

Macedon zündete sich mit einem Tempo, das so nur in
der Stummfilm-Ära erreicht wurde, eine Zigarette an
und hielt auch Sergeant Gaspar sein Päckchen einladend
hin.

»Kann ich nicht morgen wieder vorbeikommen?«
fragte er. »Ich muß noch ein Pferd bewegen . . .«

»Tut mir leid, Mr. Macedon«, sagte der Polizist, und
das meinte er sogar ernst, denn der Schauspieler war
einer seiner alten Favoriten. »Der Captain muß jeden
Augenblick hier sein. Danach können *Sie* selbstverständlich gehen.«

»Nur eine Formalität«, sagte Pat in seiner Zelle.

»Genau, nur eine . . .« Sergeant Gaspar starrte Pat
an. »Für *Sie* wird es allerdings vielleicht mehr als eine
Formalität. Haben Sie schon mal was von Blutprobe
gehört?«

Macedon schnippte seine Zigarette zur Tür hinaus
und steckte sich eine neue an.

»Und wenn ich in ein paar Stunden wiederkomme?« schlug er vor.

»Nein«, bedauerte Sergeant Gaspar. »Und da ich Sie in Haft nehmen mußte, Mr. Macedon, möchte ich die Gelegenheit ergreifen, um Ihnen zu sagen, wie viel Sie mir einmal bedeutet haben. Dieser Film, den Sie gemacht haben, *The Final Push*, der hat jedem, der im Krieg gewesen ist, viel gegeben.«

»Ah, ja«, sagte Macedon und lächelte.

»Ich habe immer versucht, meiner Frau vom Krieg zu erzählen ... wie das alles war mit den Minen und den Maschinengewehren – ich war sieben Monate mit dem 26. New-England-Bataillon dabei –; aber sie hat mich nie verstanden. Sie zeigte einfach mit dem Finger auf mich und sagte: ›Peng! Du bist tot!‹, und da habe ich dann einfach gelacht und die Hoffnung aufgegeben.«

»He, kann ich jetzt raus?« wollte Pat wissen.

»Sie sind mal ganz still!« sagte Gaspar wild. »Sie waren wahrscheinlich gar nicht im Krieg.«

»Ich war bei der Studio-Heimwehr«, sagte Pat. »Ich hatte schlechte Augen.«

»Hören Sie sich das an«, sagte Gaspar angewidert. »Das sagen sie alle, diese Drückeberger. Na, der Krieg war jedenfalls was Genaues. Und nachdem meine Frau Ihren Film gesehen hatte, brauchte ich ihr nie mehr etwas zu erklären. Da wußte sie Bescheid. Danach hat sie immer ganz anders darüber gesprochen ... Von wegen: So mit dem Zeigefinger und ›Peng‹ sagen! Nichts mehr. Ich werde nie vergessen, wie Sie in diesem Bombentrichter saßen. Das war so realistisch, ich hab direkt feuchte Handflächen gekriegt.«

»Danke«, sagte Macedon anmutig. Er steckte sich eine

neue Zigarette an, »wissen Sie, ich war ja selbst im Krieg, und ich wußte, was da los war. Ich wußte, was da gespielt wurde.«

»Ja, Sir«, sagte Gaspar, der diese Worte zu würdigen wußte. »Na, jedenfalls bin ich froh über diese Gelegenheit. Endlich kann ich Ihnen mal sagen, was Sie für mich getan haben. Sie ... Sie haben meiner Frau den Krieg nahegebracht.«

»Wovon reden Sie eigentlich?« fragte Pat Hobby plötzlich. »Ist das dieser Kriegsstreifen, den Bill Corker 1925 gedreht hat?«

»Da fängt er schon wieder an«, sagte Gaspar. »Klar: *Birth of a Nation.* Jetzt halten Sie mal den Rand, bis der Captain kommt.«

»Damals kannte Phil Macedon mich noch«, sagte Pat bekümmert. »Ich habe ihn sogar mal bei den Dreharbeiten erlebt.«

»Ich kann mich nur nicht an Sie erinnern, alter Knabe«, sagte Macedon höflich. »Dafür kann ich doch nichts.«

»Sie erinnern sich aber doch noch daran, wie Bill Corker diese Sequenz im Bombentrichter gedreht hat, oder? Das war Ihr erster Tag in dem Film.«

Es trat eine kurze Stille ein.

»Wann kommt der Captain?« fragte Macedon.

»Jeden Augenblick, Mr. Macedon.«

»Ich erinnere mich jedenfalls noch daran«, sagte Pat. »Ich war nämlich dabei, als er den Bombentrichter ausheben ließ. Er war morgens um neun mit mehreren Kraftmenschen, die das Loch graben sollten, und vier Kameras auf dem hinteren Gelände erschienen. Über ein Feldtelefon hat er Sie angerufen und gesagt, Sie sollen zum Kostümbildner gehen und sich eine Uniform verpassen lassen. Wissen Sie's jetzt wieder?«

»Ich belaste mein Gedächtnis nicht mit Details, Alter.«

»Dann haben Sie zurückgerufen und gesagt, es gibt keine passende Uniform für Sie, und Corker sagte, Sie sollen das Maul halten und sich trotzdem eine überziehen. Als Sie aufs hintere Gelände kamen, waren Sie stocksauer, weil Ihr Kostüm nicht paßte.«

Macedon lächelte berückend.

»Sie haben ein bemerkenswertes Gedächtnis. Sind Sie sicher, daß Sie vom richtigen Film sprechen . . . und vom richtigen Schauspieler?« fragte er.

»Das kann man wohl sagen!« sagte Pat grimmig. »Ich sehe Sie direkt vor mir. Sie hatten nur nicht genügend Zeit, um sich über die Uniform zu beschweren, weil Corker ganz andere Pläne hatte. Er fand schon immer, daß es in ganz Hollywood keine Knattercharge gibt, aus der so schwer etwas Natürliches herauszukitzeln ist, wie aus Ihnen; und deshalb hatte er einen Plan. Er wollte mit der zentralen Szene des Films noch vor der Mittagspause fertig werden – bevor Sie überhaupt merkten, daß Sie in einem Film mitspielten. Er hat Sie einfach umgedreht und auf dem Hintern in den Bombentrichter geschubst. Und dann hat er ›Kamera‹ gebrüllt.«

»Das ist eine Lüge«, sagte Phil Macedon. »Ich bin freiwillig hineingestiegen.«

»Und warum haben Sie dann so geschrien?« fragte Pat. »Ich kann Sie immer noch hören: ›He, was soll das denn? Soll das ein Gag sein? Holt mich hier raus, oder ich schmeiße den ganzen Kram hin!‹ . . .«

». . . und die ganze Zeit haben Sie versucht, aus dem

Loch herauszukrabbeln, und Sie waren blind vor Wut. Manchmal hatten Sie es schon beinahe geschafft, und dann sind Sie wieder abgerutscht und lagen flach, und in Ihrem Gesicht hat es gearbeitet, und Sie haben nur noch geflennt, und die ganze Zeit hatte Bill vier Kameras auf Ihnen drauf. Nach etwa zwanzig Minuten haben Sie dann aufgegeben und nur noch alle viere von sich gestreckt und schwer geatmet. Davon hat Bill noch ein paar hundert Meter in den Kasten gebracht, und dann hat er Sie von ein paar Komparsen herausziehen lassen.«

Der Polizei-Captain war mit einem Streifenwagen erschienen. In der Tür hob er sich gegen die erste Morgendämmerung ab.

»Was haben Sie da, Sergeant? Einen Besoffenen?«

Sergeant Gaspar ging zur Zelle hinüber, schloß sie auf und bedeutete Pat, er möge herauskommen. Pat blinzelte kurz; dann fiel sein Blick auf Phil Macedon, und er drohte ihm mit dem Finger.

»Sehen Sie, ich *kenne* Sie«, sagte er. »Bill Corker hat die Sequenz dann geschnitten und mit den passenden Zwischentiteln versehen, so daß es so aussah, als wären Sie ein Rekrut, dessen Kumpel gerade gefallen ist. Sie wollten immer aus dem Trichter klettern und den Deutschen zeigen, was Rache ist, aber ringsum explodierten die Minen, und durch den Druck wurden Sie dann immer wieder zurückgeschleudert.«

»Worum geht es?« fragte der Captain.

»Ich will nur beweisen, daß ich diesen Typ kenne«, sagte Pat. »Bill meinte, die beste Stelle in dem Film war, als Phil brüllte: ›Jetzt hab ich mir schon den Zeigefingernagel abgebrochen!‹ Bei Bill hieß das dann:

›Zehn Hunnen werden zur Hölle fahren, um dir die Stiefel zu putzen!‹«

»Sie haben hier eine ›Kollision unter Alkoholeinfluß‹«, sagte der Captain und musterte die Ausnüchterungszelle. »Nehmen wir die beiden Burschen mal mit und veranstalten eine kleine Blutprobe.«

»Augenblick mal«, sagte der Schauspieler mit seinem strahlenden Lächeln, »ich heiße Phil Macedon.«

Der Captain hatte seinen Dienstrang gewissen politischen Rücksichten zu verdanken, und er war sehr jung. Er erinnerte sich an den Namen und an das Gesicht, aber er war nicht übermäßig beeindruckt, denn Hollywood wimmelte von ehemaligen Größen.

Sie gingen alle zum Streifenwagen vor der Tür.

Nach der Blutprobe wurde Macedon auf der Revierwache festgehalten, bis Freunde eine Kaution für ihn ausgehandelt hatten. Pat Hobby wurde entlassen, aber sein Auto sprang nicht an, und Sergeant Gaspar erbot sich, ihn nach Hause zu fahren.

»Wo wohnen Sie?« fragte er, als sie losfuhren.

»Heute nacht wohne ich nirgends«, sagte Pat. »Deshalb bin ich ja auch in der Gegend herumgefahren. Ein Bekannter von mir wird bald aufwachen, und dann haue ich ihn um ein paar Scheine an und nehme mir ein Hotelzimmer.«

»Na, na«, sagte Sergeant Gaspar, »ich hätte ein paar überflüssige Scheine dabei.«

Die großen Villen von Beverly Hills glitten vorüber, und Pat winkte ihnen seinen Gruß zu.

»In der guten alten Zeit«, sagte er, »konnte ich bei Tag und Nacht in diesen Häusern unterkommen. Und sonntagmorgens ...«

»Stimmt das eigentlich alles, was Sie auf der Wache gesagt haben«, fragte Gaspar, ». . . wie er in das Loch geschubst wurde und alles?«

»Klar stimmt das«, sagte Pat. »Ganz so kühl hätte der Typ nicht sein müssen. Schließlich ist er auch nur ein Oldtimer.«

Die Macht des geschriebenen Wortes

I

Der dunkelhäutige Mann, dessen Augen an einem Gummiband, das irgendwo in seinem Hinterkopf befestigt war, vor- und zurückschnippten, hörte auf das Pseudonym Dick Dale. Der große, bebrillte Mann, der gebaut war wie ein Kamel ohne Höcker – und man vermißte die Höcker –, hörte auf den Namen E. Brunswick Hudson. Der Schauplatz war ein Schuhputzstand, eine belanglose Zutat des großen Studiogeländes. Wir nehmen die Szene durch die rotgeränderten Augen von Pat Hobby wahr, der auf einem Stuhl neben dem Regisseur Dale sitzt.

Der Schuhputzstand befand sich unter freiem Himmel, gegenüber der Intendanz. Die Stimme von E. Brunswick Hudson bebte vor Leidenschaft, blieb aber gedämpft, um nicht von Passanten gehört zu werden.

»Ich weiß sowieso nicht, was ein Schriftsteller wie ich hier draußen zu suchen hat«, sagte er, nicht ohne Tremoli.

Pat Hobby war ein alter Hase und hätte leicht mit einer Antwort dienlich sein können, doch gehörten die zwei anderen nicht zu seinem Bekanntenkreis.

»Es ist schon ein komisches Geschäft«, sagte Dick Dale, und zum Schuhputzer sagte er: »Nehmen Sie ordentlich Sattelfett.«

»Komisch!« donnerte E., »*un*seriös ist es! Gegen mein besseres Wissen schreibe ich alles so hin, wie Sie es mir sagen; und dann sagt mir das Büro, ich soll abhauen, weil wir anscheinend nicht miteinander harmonieren.«

»Das ist aber höflich«, erläuterte Dick Dale. »Was erwarten Sie denn von mir? Soll ich Sie mal anständig verbimsen?«

E. Brunswick Hudson nahm seine Brille ab.

»Nur zu!« schlug er vor. »Ich wiege hundertzweiundsechzig und habe am ganzen Körper kein Gramm Fleisch.« Er zögerte und distanzierte sich dann von dieser Äußerung. »Ich meine natürlich *Fett*.«

»Hören Sie mir bloß mit diesem Quatsch auf!« sagte Dale verächtlich. »Ich kann mich jetzt nicht mit Ihnen herumprügeln. Ich muß diesen Film fertigstellen. Gehen Sie mal schön an Ihre Ostküste zurück und schreiben Sie eins Ihrer Bücher und vergessen Sie das Ganze.« Er sah kurz zu Pat Hobby herüber und lächelte, so, als würde *er* ihn schon verstehen, so, als würde außer E. Brunswick Hudson jeder ihn verstehen. »Ich kann Ihnen nicht in drei Wochen alles über den Film beibringen.«

Hudson setzte seine Brille wieder auf.

»Wenn ich ein Buch schreibe«, sagte er, »werden Sie zum Gespött der ganzen Nation.«

Er zog sich zurück, erfolglos, verspottet, besiegt. Nach einer Minute ergriff Pat das Wort.

»Diese Jungens lernen es nie«, kommentierte er. »Ich habe noch nie erlebt, daß es einer gelernt hätte, und ich bin schließlich schon seit zwanzig Jahren in der Branche, Publicity, Drehbuch, alles.«

»Arbeiten Sie auf dem Gelände?« fragte Dale.

Pat zögerte.

»Hab gerade einen Job fertig«, sagte er.

Das war vor fünf Monaten.

»Stehen Sie schon irgendwo im Vorspann?« fragte Dale.

»Seit dem Jahre 1920 stehe ich in allen möglichen Vorspännen.«

»Kommen Sie mal in mein Büro« sagte Dick Dale, »ich habe da etwas, was ich noch ausdiskutieren möchte –, nachdem sich dieser Bastard endlich auf seine Farm in Neu-England zurückgezogen hat. Was wollen die eigentlich mit einer Farm in Neu-England –, wo der ganze Westen noch unbesiedelt ist?«

Pat gab dem Schuhputzer sein vorletztes Zehncentstück und kletterte vom Schuhputzstand herunter.

II

Und nun befinden wir uns mitten im Entstehungsprozeß.

»Das Dumme ist, daß dieser Komponist Reginald De Koven völlig farblos war«, sagte Dick Dale. »Er war nicht taub wie Beethoven und auch kein singender Kellner und nicht im Gefängnis und nichts. Er hat nur Musik geschrieben, und dieses Lied O *promise me* ist der einzige Einstieg, den wir haben. Da müssen wir irgendeine Fabel drumherumspinnen . . .; eine Dame verspricht ihm was, und zum Schluß kassiert er dann ab.«

»Ich brauche Zeit, um das in meinem Geist zu ventilieren«, sagte Pat. »Wenn Jack Berners mich für diesen Film einplant . . .«

»Das macht er«, sagte Dick Dale. »Ich suche mir nämlich jetzt meine eigenen Autoren aus. Wieviel kriegen Sie? Fünfzehnhundert?« Er sah sich Pats Schuhe an, »Siebenfünfzig?«

Pat starrte ihn einen Augenblick lang leer an; dann fiel ihm aus dem Nichts ein Stück phantasiereicher Prosa ein, wie er es seit einem Jahrzehnt nicht mehr schöner hatte erfinden können.

»Ich hatte da was mit der Frau eines Produzenten«, sagte er, »und da haben sich alle gegen mich verschworen. Ich kriege jetzt nur noch dreifünfzig.«

In mancher Hinsicht war dies der leichteste Job, den er je gehabt hatte. Regisseur Dale war eine Art Mensch, wie man sie vor fünfzig Jahren in jeder amerikanischen Stadt antraf. Meistens war er der Fotograf des Ortes; für gewöhnlich war er der Urheber kleinerer mechanischer Vorrichtungen und die Triebkraft bizarrer, örtlich begrenzter Initiativen, und fast immer schrieb er Gedichte für die Lokalpresse. Die tatkräftigsten Verkörperungen dieses homo sensationalis waren fast alle in den Jahren zwischen 1910 und 1930 nach Hollywood gewandert und hatten dort eine psychische Erfüllung gefunden, wie sie in jeder anderen Epoche und an jedem anderen Ort undenkbar gewesen wäre. Endlich konnten sie machen, was sie wollten, und das in großem Rahmen. In den Wochen, die Pat Hobby und Mable Hatman, Mr. Dales Scriptgirl, sitzend mit ihm verbrachten, um das Drehbuch zu schreiben, wurde keine Bewegung, kein Wort niedergeschrieben, das nicht Dick Dales deutliche

Handschrift trug. Manchmal steuerte Pat einen Vorschlag bei, etwas, das »immer ankommt«.

»Augenblick mal! Augenblick mal!« Und schon war Dick Dale auf den Beinen, die Hände abwehrend gespreizt. »Ich glaubte, ich sehe einen Hund.« Sie warteten, angespannt und atemlos, während er einen Hund sah.

»Zwei Hunde.«

Ein zweiter Hund nahm neben dem ersten seinen Platz in ihren gehorsamen Visionen ein.

»Wir fahren also ab und haben einen Hund; an der Leine . . . Dann ziehen wir die Kamera zurück, damit man einen zweiten Hund sieht . . . Dann beißen sie sich. Wir zoomen noch weiter zurück . . . Die Hundeleinen sind an Tischbeinen festgebunden . . . Die Tische kippen um. Seht ihr das?«

Oder, wieder anders, aus heiterem Himmel:

»Ich glaube, ich sehe De Koven als Lehrling bei einem Stukkateur.«

»Ja.« Dies hoffnungsfroh vorgebracht.

»Er geht also nun nach Santa Anita und vergipst da die Wände, und bei der Arbeit singt er. Schreiben Sie das mal hin, Mabel.« Er fuhr fort . . .

Nach einem Monat hatten sie die nötigen hundertzwanzig Seiten beisammen. Reginald De Koven war, so schien es, zwar nicht direkt ein Alkoholiker, aber er schätzte es doch, hin und wieder »einen über den Durst« zu trinken. Der Vater des Mädchens, das er liebte, war an der Trunksucht gestorben, und nach der Hochzeit überraschte sie ihn dabei, wie er »einen über den Durst« trank, und dagegen half nun gar nichts, außer daß sie ihn für geschlagene zwanzig Jahre verläßt. Dann wurde er berühmt, und sie sang seine Songs in ihrer Rolle als

Jungfer Marian, aber er sollte nie erfahren, daß sie ein und dasselbe Mädel gewesen war.

Das Script, »Vorläufige Endfassung. Von Pat Hobby« geheißen, trat seinen Weg in die Direktionsetage an. Der Drehplan sah vor, daß innerhalb einer Woche mit den Dreharbeiten begonnen werden sollte.

Vierundzwanzig Stunden später saß Dale mit seinem Stab in seinem Büro, und es herrschte eine Atmosphäre nachdenklicher Trauer. Pat Hobby war am wenigsten niedergeschlagen. Vier Wochen zu dreifünfzig das Stück waren – sogar, wenn man die zweihundert, die in Santa Anita zerronnen waren, einbezog – immer noch etwas ganz anderes als jene zwanzig Cent, die er am Schuhputzstand besessen hatte.

»So läuft's nun mal beim Film«, sagte er tröstend. »Mal ist man oben ... Mal ist man unten ... Mal ist man drin, mal ist man draußen. Das wird Ihnen jeder alte Hase bestätigen können.«

»Ja«, sagte Dick zerstreut. »Mabel, rufen Sie doch mal diesen E. Brunswick Hudson an. Er ist auf seiner Farm in Neu-England ... Melkt wahrscheinlich seine Bienen.«

Nach wenigen Minuten meldete sie sich wieder.

»Er ist heute morgen mit dem Flugzeug in Hollywood eingetroffen, Mr. Dale. Er scheint, nach allem, was ich herausbekommen konnte, im Beverly Wilshire Hotel abgestiegen zu sein.«

Dick Dale preßte das Ohr gegen die Hörmuschel. Einschmeichelnd war seine Stimme und freundlich, als er sagte:

»Mr. Hudson, Sie hatten doch neulich so eine schöne Idee, die mir so ungemein gut gefallen hat. Sie hatten noch gesagt, Sie wollten sie aufschreiben. Es ging da um diesen De Koven und wie er versucht, einem Schäfer in Vermont seine Musik zu stehlen. Wissen Sie noch?«

»Ja.«

»Na bitte. Berners will jetzt gleich voll in die Produktion einsteigen, und wenn es nicht sofort klappt, sind die Schauspieler anderweitig ausgebucht, und deshalb sind wir jetzt ziemlich in Zugzwang, falls Sie wissen, was ich meine. Haben Sie das Zeug zufällig dabei?«

»Wissen Sie noch, wie ich es Ihnen gebracht habe?« fragte Hudson. »Sie haben mich zwei Stunden warten lassen ... Dann haben Sie es sich zwei Minuten lang angesehen. Der Hals tat Ihnen weh ... Wahrscheinlich hätte man ihn mal gründlich umdrehen sollen. Gott, was hatten Sie für Halsschmerzen! Das war das einzig Erfreuliche an dem Morgen.«

»In der Filmbranche ...«

»Ich bin ja so froh darüber, daß Sie durchhängen. Sie könnten mir fünfzig Riesen anbieten, und ich würde Ihnen nicht einmal die Handlung von *Drei Bären* erzählen.«

Die Telefone klickten, und Dick Dale wandte sich an Pat.

»Verdammte Schreiberlinge!« sagte er hitzig. »Wofür bezahlen wir euch eigentlich? Das geht doch in die Millionen ... Und alles, was ihr macht: Ihr schreibt jede Menge Stuß zusammen, den ich nicht fotografieren kann, und wenn wir euren Mist nicht lesen, werdet ihr sauer! Wie soll ein Mensch denn Filme machen, wenn er zwei Bastarde wie Sie und Hudson zugeteilt kriegt? Na? Wie? Wie stellen Sie sich das vor, Sie ... Sie alter Wermutbruder?«

Pat erhob sich und unternahm einen Schritt auf die Tür zu. »Weiß ich doch nicht«, sagte er.

»Verschwinden Sie!« schrie Dick Dale. »Sie stehen nicht mehr auf der Gehaltsliste. Verlassen Sie das Studiogelände.«

Das Schicksal hatte Pat keine Farm in Neu-England beschert, aber gegenüber gab es ein Café, in dem auf Flaschen gezogene bukolische Träume blühten, wenn man das nötige Geld hatte. Er wollte das Studiogelände nicht ganz verlassen, hatte es ihm doch durch so viele Jahre hindurch ein Heim gegeben. Also kam er um sechs zurück und strebte seinem Büro zu. Es war abgeschlossen. Er sah, daß es bereits einem anderen Autor zugewiesen war; der Name an der Tür lautete E. Brunswick Hudson.

Er verbrachte eine Stunde in der Intendanzkantine, stattete der Bar einen neuerlichen Besuch ab, und dann ließ er sich von irgendeinem Instinkt in ein Studio führen, in dem gerade an einer Schlafzimmer-Szene gearbeitet worden war. Er verbrachte die Nacht auf einer Couch, deren gekräuselter Flaum noch am Nachmittag von Claudette Colbert mit Beschlag belegt worden war.

Der Morgen stellte sich ihm etwas trüber dar, aber er hatte noch etwas in seiner Flasche sowie fast hundert Dollar in der Tasche. In Santa Anita liefen die Pferde, und er konnte seinen Einsatz leicht verdoppelt haben, bevor es Nacht wurde.

Als er das Studiogelände verließ, stockte er vor dem Friseursalon, fühlte sich aber zu nervös für eine Rasur. Dann blieb er vollends stehen, denn er hörte Dick Dales Stimme vom Schuhputzstand herüberklingen.

»Miss Hatman hat Ihr zweites Script gefunden, und das ist zufällig Eigentum der Filmgesellschaft.«

E. Brunswick Hudson stand vor ihm.

»Ich will sowieso nicht, daß mein Name genannt wird«, sagte er.

»Wie schön. Ich werde ihren Namen nehmen. Berners findet es ganz großartig, falls die Familie von De Koven keine Zicken macht. Verdammt: der Schäfer hätte doch eh nie gewußt, wie er diese Melodien vermarkten soll. Haben Sie schon mal von einem Schäfer gehört, der der ASCAP Tantiemen aus den Rippen leiert?«

Hudson nahm seine Brille ab.

»Ich wiege hundertdreiund . . .«

Pat trat näher heran.

»Gehen Sie doch zur Armee«, sagte Dale verächtlich. »Ich hab jetzt keine Zeit, mich herumzuprügeln. Ich muß einen Film machen.« Sein Blick fiel auf Pat. »Hallo, Oldtimer.«

»Hallo, Dick«, sagte Pat und lächelte. Dann nutzte er den psychologischen Vorteil:

»Wann fangen wir an?« sagte er.

»Wieviel?« fragte Dick Dale den Schuhputzer und fügte – sich Pat zuwendend – hinzu: »Die Sache ist gelaufen. Ich habe Mabel schon lange eine Erwähnung im Vorspann versprochen. Schauen Sie doch mal wieder bei mir vorbei, wenn Sie eine passende Idee haben.«

Es gelang ihm, vor dem Friseurladen jemanden anzuhalten, und er entfernte sich eilig. Hudson und Hobby, Männer der Feder, die sich nie zuvor getroffen hatten, betrachteten einander. In Hudsons Augen standen Tränen der Wut.

»Es ist hier nicht leicht für Autoren«, sagte Pat mitfühlend. »Sie hätten gar nicht erst herkommen sollen.«

»Und wer schreibt dann die Handlung? Diese Schwachköpfe etwa?«

»Autoren schreiben sie schon mal nicht«, sagte Pat. »Autoren können sie nicht gebrauchen. Was sie wollen, sind Schreiber. So waswie mich.«

Pat Hobby geht aufs College

I

Der Nachmittag war dunkel. Blank erhoben sich zu beiden Seiten die Wände des Topanga Canyon. Sie mußte es loswerden. Das Geklirr auf dem Rücksitz machte ihr angst. Evylyn schätzte diese Angelegenheit gar nicht. Dann dachte sie an Mr. Hobby. Er glaubte an sie, er vertraute ihr . . ., und dies tat sie für ihn.

Ihre Mission war jedoch schwierig. Evylyn Lascalles verließ den Canyon und kreuzte vor den ungastlichen Küsten von Beverly Hills. Oft bog sie in Gassen ein, oft parkte sie vor unbebauten Grundstücken, aber immer wieder versetzte sie ein Fuß- oder Müßiggänger in einen Zustand nervöser Angst. Einmal blieb ihr fast das Herz stehen, als sie von jemandem, der aussah wie ein Detektiv, aufmerksam – oder argwöhnisch? – gemustert wurde.

»Er hatte nicht das Recht, mich um diesen Gefallen zu bitten«, sagte sie zu sich selbst. Nie wieder. Das werde ich ihm sagen. Nie wieder.

Schnell senkte sich die Nacht. Evylyn Lascalles hatte es noch nie so schnell dämmern sehen. Also zurück zum Canyon, zurück zum wilden, ungebundenen Leben. Sie fuhr eine enge Schlucht hinauf, die alle Farben des Malkastens besaß und jetzt dem Tag ihre letzten Pastelltöne schenkte. Dann gewann Evylyn in einer Biegung, von der man einen weiten Blick auf tief unten liegendes Plateauland hatte, eine gewisse Sicherheit.

Hier würde es keine Komplikationen geben. Wenn sie jeden einzelnen Artikel über das Riff warf, würde er so weit von ihr entfernt sein, als befände er sich in einem anderen Bundesstaat.

Miss Lascalles stammte aus Brooklyn. Sie hatte sich so sehr gewünscht, nach Hollywood zu ziehen und der Filmindustrie als Sekretärin zu dienen; nun wünschte sie, sie hätte ihre Heimat nie verlassen.

Doch nun an die Arbeit; sie mußte sich von ihrer Fracht trennen; sobald dieses Auto um die Kurve verschwunden war ...

II

... Unterdessen stand ihr Arbeitgeber, Pat Hobby, vor dem Frisiersalon und sprach mit Louie, dem Studio-Buchmacher. Morgen würden Pats vier Wochen zu zweifünfzig abgelaufen sein, und er hatte bereits jenes quälende und bestürzende Gefühl, das jenen eigentümlich ist, die immer am Rande der Solvenz leben.

»Vier lausige Wochen an einem schlechten Script«, sagte er. »Das ist alles, was ich in sechs Monaten hatte.«

»Wie lebst du denn so?« fragte Louie, ohne allzuviel Interesse an den Tag zu legen.

»Ich lebe nicht. Die Tage vergehen, die Wochen vergehen. Aber wer will das schon wissen?.Wer will das – nach zwanzig Jahren – denn schon wissen?«

»Es gab aber Zeiten, als es dir ganz schön gut ging«, gab ihm Louie zu bedenken.

Pat sah einer Beleuchtungskomparsin nach. Sie trug ein schimmerndes Lamé-Kleid.

»Klar«, gab er zu. »Ich hatte drei Gattinnen. Mehr kann man nicht verlangen.«

»Wieso? War *das* eine deiner Gattinnen?« fragte Louie.

Pat spähte der verschwindenden Figur nach.

»*Nein*. Ich habe nicht gesagt, daß *das* eine war. Aber ich habe durchaus die eine oder andere aus meiner Tasche ernährt. Jetzt natürlich nicht mehr. Ein Mann von neunundvierzig wird nicht mehr als menschliches Wesen betrachtet.«

»Du hast doch eine hübsche kleine Sekretärin«, sagte Louie. »Hör zu, Pat, ich habe einen Tip für dich . . .«

»Kann ich nicht gebrauchen«, sagte Pat, »hab nur noch fünfzig Cents.«

»Die Art Tip meine ich nicht. Hör zu: Jack Berners will einen Film über die University of the Western Coast drehen, weil er da einen Sohn hat, der Basketball spielt. Ihm fehlt die Story. Warum gehst du nicht einfach zur U.W.C. und sprichst mit dem Sportdekan? Doolan heißt er. Dieser Sportfritze schuldet mir noch drei Riesen auf die Pferdchen, und vielleicht könnte er dir mit einer Idee zu einem Collegefilm aushelfen. Die schleppst du dann an und verkaufst sie Berners. Du bist doch auf der Gehaltsliste, oder?«

»Bis morgen«, sagte Pat düster.

»Sprich mal mit Jim Kresge. Der ist immer im Campus-Sport-Shop. Der stellt dich dann dem Sportfritzen vor. So, Pat, ich muß los, Geld einsammeln. Und vergiß nicht: dieser Doolan schuldet mir drei Riesen.«

Pat schien das alles nicht sehr vielversprechend, aber es war besser als nichts. Als er in den Autorentrakt zurückgegangen war, um seinen Mantel aus dem Büro zu holen, kam er gerade rechtzeitig, um den Hörer eines klagenden Telefons abzunehmen.

»Ich bin's, Evylyn«, sagte eine flatternde Stimme. »Ich werde es heute nachmittag nicht mehr los. Aus allen Straßen sind Autos unterwegs . . .«

»Ich kann hier nicht darüber sprechen«, sagte Pat schnell, »ich muß wegen eines Vorhabens zur U.W.C. . . .«

»Ich hab's versucht«, wimmerte sie, »immer wieder! Und jedesmal kommt ein Auto vorbei . . .«

»Na, ich bitt' Sie . . .« Er hängte auf; er hatte selbst genug um die Ohren.

Pat verfolgte seit Jahren die Taten der »Trojaner« von der University of Southern California, sowie das Treiben der fast ebenso berühmten »Roller Coasters«, die die University of the Western Coast repräsentierten. Sein Interesse war weniger physiologisch, taktisch oder intellektuell begründet, sondern eher mathematischer Natur; die Rollers hatten ihn seinerzeit eine schöne Stange Geld gekostet, und deshalb betrat er den Campus, der halb im Stil von De Mille und halb im Stil der alten Azteken erbaut war, mit einem unbestimmten Gefühl von Besitzerstolz.

Er machte Kresge ausfindig, und dieser führte ihn zu Superintendent Kit Doolan. Mr. Doolan, ein früherer Mittelstürmer, war blendender Laune. Er hatte in diesem Jahr fünf farbige Giganten eingekauft, von denen keiner alt genug war, um später pensionsberechtigt zu sein; trotzdem waren es allesamt erfahrene Männer, und sein Team hatte beste Aussichten auf eine gute Plazierung in der Regionalliga.

»Ich freue mich, wenn ich Ihrer Firma helfen kann«, sagte er. »Mr. Berners helfe ich jederzeit gern ... oder Louie. Was kann ich für Sie tun? Wollen Sie einen Film machen? ... Na, ein bißchen Reklame können wir immer gebrauchen. Mr. Hobby, ich muß in fünf Minuten zu einer Lehrkörperkonferenz, und vielleicht hätten Sie Lust, den Herren von Ihrem Vorhaben zu berichten?«

»Ich weiß nicht«, sagte Pat zweifelnd. »Ich hatte mir gedacht, ich könnte die Sache vielleicht mit Ihnen mal durchquatschen. Wir können doch irgendwo hingehen und einen heben.«

»Tut mir leid«, sagte Doolan jovial. »Wenn diese Schlauberger an mir herumschnüffeln und Schnaps riechen – Mein lieber Mann! Kommen Sie doch mit auf die Konferenz; da hat jemand auf dem Campus Uhren und Schmuck gestohlen, und wir sind ziemlich sicher, daß es ein Student war.«

Mr. Kresge, der seine Rolle gespielt hatte, erhob sich und wandte sich zum Gehen.

»Können Sie einen guten Tip für das fünfte morgen gebrauchen?«

»Ich nicht«, sagte Mr. Doolan.

»Sie, Mr. Hobby?«

»Ich nicht«, sagte Pat.

IV

Nachdem sie dergestalt ihre Verbindungen zur Unterwelt abgebrochen hatten, schritten Pat Hobby und Superintendent Doolan den Korridor des Verwaltungsgebäudes entlang. Vor dem Büro des Dekans sagte Doolan:

»Ich hole Sie dann so bald wie möglich rein und stelle Sie vor.«

Da er weder Jack Berners noch die Filmgesellschaft offiziell repräsentierte, wartete Pat mit einer gewissen *malaise*. Er spürte beim Gedanken an ein Zusammentreffen mit einem Haufen Intellektueller nicht die mindeste Vorfreude, aber es fiel ihm ein, daß er ein bescheidenes, aber aufdringliches Stück Handelsware im abgewetzten Überrock mit sich trug. Die Sekretärin des Dekans hatte ihren Schreibtisch verlassen, um die Konferenz zu protokollieren, und so vervollständigte er seinen Kalorienhaushalt mit einem langen, knebelnden Schluck.

Augenblicklich stellte sich jenes anerkennende Glühen ein, und er machte es sich auf einem Stuhl bequem, die Augen auf die Tür gerichtet, an der geschrieben stand:

SAMUEL K. WISKITH

Beauftragter für studentische
Belange

Das konnte ein schreckliches Treffen werden.

... aber warum eigentlich? Das waren doch Korinthenkacker; soviel war schon mal klar. Sie hatten einen akademischen Grad, aber sie waren käuflich. Wenn sie für die Filmgesellschaft Ball spielten, konnten sie für ihre U.W.C. eine Menge gute Reklame herausschinden. Und das bedeutete ein höheres Gehalt, oder? – auf jeden Fall mehr Mäuse.

Die Tür zum Konferenzzimmer öffnete sich zögernd und schloß sich dann wieder. Niemand kam heraus, aber Pat setzte sich aufrecht hin und machte sich bereit. Immerhin repräsentierte er die viertgrößte Industrie Amerikas, oder er repräsentierte sie doch zumindest beinahe, und da brauchte er sich von einem Haufen Intellektueller nicht einschüchtern zu lassen. Außerdem war er selbst nicht ganz ohne intime Kenntnis der höheren Bildung; in frühester Jugend war er einmal im Delta-Kappa-Eta-Verbindungshaus der University of Pennsylvania Mädchen für alles gewesen. Und mit ermutigendem Chauvinismus versicherte er sich, daß Pennsylvania diesem Pionier-Unternehmen haushoch überlegen war.

Die Tür öffnete sich; ein verwirrter junger Mensch mit Schweißperlen auf der Stirn kam herausgestürzt, raste durch den Raum und verschwand. Mr. Doolan stand ruhig in der Tür.

»In Ordnung, Mr. Hobby«, sagte er.

Seine Befürchtungen waren grundlos. Erinnerungen an die goldenen Tage auf dem College überfluteten Pat verschwenderisch, als er eintrat. Und augenblicklich – der Saft der Zuversicht floß durch seinen Kreislauf – hatte er seine Idee . . .

». . . es ist eher eine realistische Idee«, sagte er fünf Minuten später. »Verstehen Sie?«

Dekan Wiskith, ein hochgewachsener, bleicher Mann mit Hörrohr, schien es verstanden, aber nicht rundum gebilligt zu haben. Pat hämmerte ihm noch einmal seine Pointe ein.

»Das ist doch aber brandheiß, das Thema«, sagte er geduldig. »›Aktuell‹ nennen wir so einen Film. Sie geben doch zu, daß dieser junge Spund, der hier eben rausgekommen ist, Uhren geklaut hat, oder?«

Die Professorenkonferenz tauschte – Doolan ausgenommen – Blicke, aber niemand unterbrach Pat.

»Na, sehen Sie«, sagte Pat triumphierend. »Sie geben seine Geschichte an die Zeitungen. Und jetzt kommt der Knüller. In dem Film, den wir machen, stellt sich heraus, daß er die Uhren klaut, um seinem kleinen *Bruder* zu helfen; und mit diesem kleinen Bruder steht und fällt die Football-Mannschaft! Er ist nämlich der einzige, der im richtigen Moment spurtschnell ist. Wir werden wahrscheinlich versuchen, Tyrone Power auszuborgen, aber als Double nehmen wir selbstverständlich einen von Ihren Spielern.«

Pat hielt inne, um alles noch einmal zu überdenken.

». . . Der Film kommt natürlich auch in den Südstaaten raus; da müssen wir einen weißen Spieler nehmen.«

Es entstand eine unruhige Pause. Mr. Doolan kam zu seiner Rettung.

»Keine schlechte Idee«, deutete er an.

»Eine entsetzliche Idee«, brach es aus Dekan Wiskith hervor. »Eine . . .«

Langsam spannte sich Doolans Gesicht.

»Augenblick mal«, sagte er. »Wer kommandiert hier *wen* herum? Hören Sie *ihm* lieber mal zu!«

Die Sekretärin des Dekans, die den Raum auf den

Ruf eines Summers hin kurz verlassen hatte, war wieder erschienen und flüsterte dem Dekan etwas ins Ohr. Dieser holte Luft.

»Einen Augenblick, Mr. Doolan«, sagte er. Er wandte sich an die anderen Mitglieder des Komitees.

»Der Pedell hat da draußen einen Verstoß gegen die Hausordnung, er kann den Täter aber rein juristisch nicht belangen. Können wir das zuerst regeln? Danach kommen wir dann auf diese . . .«, er starrte Mr. Doolan an, ». . . auf diese *wider*natürliche Idee zurück.«

Er nickte, und die Sekretärin öffnete die Tür.

Dieser Pedell, dachte Pat und ließ den Geist zu jenem weinlaubüberwucherten Campus zurückschweifen, sah aus wie alle Pedelle, ein eingeschüchterter Bulle, ein nur notdürftig zivilisiertes Raubtier.

»Meine Herren«, sagte der Pedell mit fein moduliertem Respekt, »ich habe hier einen Fall, der sich nicht aus der Welt diskutieren läßt.« Er schüttelte ratlos den Kopf und fuhr dann fort: »Ich weiß, daß alles falsch ist . . ., aber *mir* will das alles nicht in den Kopf. Ich möchte *Ihnen* den Fall übertragen . . . Ich werde Ihnen einfach das corpus delicti und den Delinquenten vorführen . . . Kommen Sie mal rein, Sie . . .«

Evylyn Lascalles trat ein, kurz darauf folgte ihr ein klirrender Kissenbezug, den der Pedell neben ihr hinstellte, und Pat dachte noch einmal an den ulmenbestandenen Campus der University of Pennsylvania. Inbrünstig wünschte er, jetzt dort zu sein. Er wünschte sich das mehr als irgend etwas auf der Welt. Sein zweitsehnlichster Wunsch galt Doolans breitem Kreuz, hinter dem er sich durch Verrücken seines Stuhles zu verstecken trachtete; er wünschte sich, dieses Kreuz wäre noch breiter.

»Da sind Sie ja!« schrie sie dankbar. »Ach, Mr. Hobby ... Gott sei Dank! Ich konnte sie nicht loswerden ... Und nach Hause konnte ich sie auch nicht mitnehmen; meine Mutter hätte mich umgebracht. Da bin ich hierhergekommen, um Sie zu suchen ... Und dieser Mann hat nachgesehen, was ich auf dem Rücksitz im Auto habe!«

»Was ist in diesem Sack?« fragte Dekan Wiskith, »Bomben? Was?«

Sekunden vorher hatte der Pedell den Sack aufgehoben und auf dem Fußboden aufprallen lassen, und das hatte ein klares, unmißverständliches Geräusch gemacht; Pat hätte es ihnen sagen können. Es waren gefallene Soldaten – Halbliterflaschen, Viertelliterflaschen, Flachmänner – beredtes Zeugnis von vier Wochen zu zweifünfzig – leere Flaschen, aus den Schreibtisch-Schubladen seines Büros eingesammelt. Da sein Vertrag morgen beendet war, hatte er es für das klügste gehalten, diese Zeugen zu beseitigen.

Während er nach einer Fluchtmöglichkeit suchte, schweifte sein Geist ein letztes Mal zu jenen sorglosen Tagen des gehorsamen Apportierens bei der University of Pennsylvania zurück.

»Ich übernehme das schon«, sagte er und erhob sich.

Er schwang sich den Sack über die Schulter, bot der Rektoratskonferenz die Stirn und sagte überraschend:

»Denken Sie mal drüber nach.«

V

»Und das haben wir auch getan«, sagte Mr. Doolan noch in derselben Nacht zu seiner Frau. »Aber wir sind nicht schlau daraus geworden.«

»Irgendwie ist das gespenstisch«, sagte Mrs. Doolan. »Hoffentlich träume ich heute nacht nicht. Der arme Mann mit dem Sack! Ich stelle mir die ganze Zeit vor, wie er im Fegefeuer sitzt ... und muß in jede einzelne dieser Flaschen ein Buddelschiff bauen, bevor er in den Himmel darf.«

»Nein!« sagte Doolan schnell. »Jetzt bläst du *mir* Träume ein. Es waren so unendlich viele Flaschen.«

UNVOLLSTÄNDIGER ANMERKUNGSAPPARAT, VOM ÜBERSETZER DER NACHSICHT DES PUBLIKUMS EMPFOHLEN

»Weiß das deutschlesende Publikum«, fragte ich mich, »was es mit dem Fatty-Arbuckle-Skandal auf sich hatte? Weiß es, wer Barbara LaMarr war?« In der Regel wohl nicht. Shirley Temple oder Joan Crawford dagegen kann man getrost als bekannte Größen voraussetzen. Oder nicht? Ich habe also ein denkbar einfaches Auswahlsystem erarbeitet: Was ich herausgefunden habe, teile ich mit; was ich nicht herausgefunden habe, unterschlage ich. Die Leser sind hiermit herzlich zur Besserwisserei eingeladen; ihre Funde – und das gilt besonders den Fitzgeraldologen – werden in etwelchen Neuauflagen berücksichtigt werden.

Die filmographischen Daten entnahm ich vorwiegend ›The Filmgoer's Companion‹ von Leslie Halliwell (Paladin 1973), die Klatschgeschichten dem Prachtband ›Hollywood Babylon‹ von Kenneth Anger (Dell 1975). Zu danken habe ich der Familie Stadelmeyer, die immer weiß, wo man nachzuschlagen hat, und Frances Schoenberger von der BRAVO-Redaktion in Hollywood, die mir einen Stadtplan von Greater Los Angeles geschickt hat. Wir alle haben Arnold Gingrich zu danken, jenem ESQUIRE-Redakteur, der die Pat Hobby Stories vom Januar 1940 bis zum Mai 1941 (also über Fitzgeralds Tod am 21. Dezember 1940 hinaus) betreute und, indem er ihr Erscheinen sicherstellte, ihre Entstehung möglich machte.

München, im Oktober 1976   H.R.

S. 14 Hier irrt Fitzgerald. William Desmond Taylor wurde nicht am 1. Februar 1921, sondern am 1. Februar 1922 umgenietet. Er war »Chef-Regisseur« bei Famous Players-Laskey, einer Paramount-Tochtergesellschaft. Als Taylor am Morgen des 2. Februar mit zwei Projektilen vom Kaliber .38 im Kopf von seinem schwarzen Butler gefunden wurde (»Dey've kilt Massa! Dey've kilt Massa!« soll dieser laut Los Angeles Examiner im höchsten Sopran geschrien haben), wachte zuerst Edna Purviance auf, welche sofort Mabel Normand anrief. Mabel Normand rief Charles Eyton, den Generalmanager von Famous Players, an. Eyton rief – nein, noch immer nicht die Polizei – den obersten Boss von Paramount, Adolph Cukor, an. Unterdessen versuchte Edna Purviance, Mary Miles Minter anzurufen, aber es war nur ihre Mutter zu Hause, Mrs. Charlotte Shelby. Nun warfen sich alle Angerufenen in ihre Autos und eilten zu Taylors Villa. Als die Polizei eintraf, weil sich Nachbarn über das Geschrei des Butlers beschwert hatten, waren alle Spuren beseitigt; im Kamin brannte ein großes Feuer. Es wurde noch allerlei Pornographie in alten Drehbüchern und Stiefelschäften gefunden – die Hauptrolle spielten in diesen Darstellungen immer Taylor sowie gut ein Drittel der weiblichen Hollywood-Stars –, aber zur Aufklärung des Mordes reichte es nicht aus. Die Karriere von Mary Miles Minter war jedenfalls beendet. Und als sich herausstellte, daß Mabel Normand, gefeierte Komikerin in vielen Keystone-Produktionen, ihre Quirligkeit nicht zuletzt dem Kokain verdankte, wurden ihre Filme erst boykottiert und dann eingezogen.

Heute scheint es, als habe Mrs. Charlotte Shelby Taylor aus Eifersucht erschossen. Zumindest scheint es nicht ganz dumm zu sein, wenn Pat sagt, er habe schon immer das Gefühl gehabt, daß »es bei Taylor ein Mädel war«.

S. 27 *It Happened One Night* (1934). Sehr erfolgreiche Liebeskomödie; Drehbuch: Robert Riskin, Regie: Frank Capra; mit Claudette Colbert als durchgebrannte Millionenerbin und Clark Gable als rasender Reporter, der sie nachher kriegt. Riskin, Capra, Claudette Colbert und Gable bekamen einen »Oscar«, der Film als »Bester Film des Jahres« ebenfalls. Pat Hobbys Traum, »eine Situation wie in ›It Happened One Night‹, aber in *neu*«, ging 1956 in Erfüllung: Unter dem Titel »You Can't Run Away From It« wurde der Stoff noch einmal mit June Allyson und Jack Lemmon verfilmt, und zwar ohne jeden Erfolg.

S. 27 HEDY LAMARR. (1914 als Hedwig Kiesler geboren) Erste Nackte der Filmgeschichte (*Ekstase*, 1933), ging dann nach Hollywood und wurde zum Synonym für Glamour. *Algiers* (38), *Lady of the Tropics* (39), *I Take This Woman* (39), *Comrade X* (40), *Boom Town* (40), *Come Live With Me* (41), *Ziegfeld Girl* (41), *H. M. Pulham, Esq.* (41), *Tortilla Flat* (42), *Crossroads* (42), *White Cargo* (42), *The Heavenly Body* (43), *The Conspirators* (44), *Experiment Perilous* (44), *Her Highness and the Bellboy* (45), *The Strange Woman* (46), *Dishonored Lady* (47), *Copper Canyon* (49), *Let's Live a Little* (49), *Samson and Delilah* (50), *My Favorite Spy* (51), *The Face That Launched a Thousand Ships* (54), *The Female Animal* (57). Autobiografie 1967; *Ecstasy and Me*.

S. 35 RONALD COLMAN (1891–1958). Vornehmer britischer Schauspieler, der mit seinen Manieren zwei Generationen beeindruckte. Wurde im Ersten Weltkrieg so schwer verwundet, daß er nur noch zum Film gehen konnte. Ab 1916 kleine Rollen in englischen Stummfilmen, ab 1920 in Hollywood. *The White Sister* (22), *Beau Geste* (26), *Stella Dallas* (27; siehe: *Pat Hobby, vermeintlicher Vater*), *The Winning of Barbara Worth* (28), *Condemned* (30), *Raffles* (31), *Arrowsmith* (32),

The Masquerader (33), *Clive of India* (35), *A Tale of Two Cities* (36), *Under Two Flags* (36), *Lost Horizon* (37), *The Prisoner of Zenda* (37), *If I Were King* (38), *Talk Of The Town* (42), *Random Harvest* (43), *The Late George Apley* (47), *A Double Life* (48; mit dem »Oscar« ausgezeichnet), *Champagne for Caesar* (50), *The Story of Mankind* (57) u. a. Fernsehserie: *Halls of Ivy*.

S. 39 WALTER HENRICK. Vielleicht Paul Henried (geboren 1907 als Paul von Henreid), kam 1939 nach England; *Goodbye Mr. Chips* (39), *Night Train to Munich* (40). Ab 1941 als Schauspieler/Regisseur/Produzent/Autor in Hollywood: *Casablanca* (42), *Devotion* (43), *Between Two Worlds* (44), *Of Human Bondage* (46), *Deception* (46), *The Four Horsemen of the Apocalypse* (62), *Operation Crossbow* (65) u.v.a.

S. 55 ORSON WELLES (geb. 1915). Siehe Peter Noble, *The Fabulous Orson Welles* (1956).

S. 56 THE KEYSTONE KOPS. Eine Truppe von Slapstick-Komikern unter Anleitung von Ford Sterling mit Mack Sennett als Gagschreiber von 1912 bis 1920 aktiv. Erfuhren durch *Abbott and Costello Meet The Keystone Kops* (55) eine späte und etwas flaue Ehrung.

S. 58 *The Divine Miss Carstairs*. Möglicherweise *The Divine Lady* (29). Buch: Forrest Halsey (nach dem gleichnamigen Roman von E. Barrington, einem Pseudonym für Lily Moresby); Regie und Produktion: Frank Lloyd.

S. 61 WILLIAM FOX (1879–1952) (W. Friedman). Ungarisch-amerikanischer Pionier und Tykoon; der Fox von Twentieth Century Fox. War vorher in der Textilbranche tätig. Biografie: *Upton Sinclair Presents William Fox* (33).

S.68 CLAUDETTE COLBERT (geb. 1905 als Claudette Cauchoin). Kam als Kind aus Frankreich nach Hollywood und wurde ein Superstar der 30er Jahre. *For the Love of Mike* (ihr erster Film; 27), *The Hole in the Wall* (29), *Manslaughter* (30), *The Smiling Lieutenant* (31), *The Sign of the Cross* (33), *Three-Cornered Moon* (33), *It Happened One Night* (Oscar; 34), *Cleopatra* (34), *I Cover the Waterfront* (35), *Imitation of Life* (35), *Private Worlds* (35), *Under Two Flags* (36), *I Met Him in Paris* (37), *Tovarich* (38), *Bluebeard's Eighth Wife* (38), *Midnight* (38), *Zaza* (39), *Drums Along the Mohawk* (40), *Arise My Love* (40), *Boom Town* (40), *Remember the Day* (41), *The Palm Beach Story* (42), *No Time for Love* (43), *So Proudly We Hail* (43), *Since You Went Away* (43), *Practically Yours* (44), *Guest Wife* (45), *Tomorrow Is Forever* (45), *Without Reservations* (46), *The Egg and I* (47), *Sleep My Love* (48), *Bride for Sale* (49), *Three Came Home* (50), *The Secret Fury* (50), *Let's Make It Legal* (51), *Bonaventure (Thunder on the Hill)* (51), *The Planter's Wife* (in England; 52), *Texas Lady* (55), *Parrish* (61), u.v.a.

S.68 BETTY FIELD (geb. 1918). Amerikanische Bühnenschauspielerin mit gelegentlichen Filmauftritten, zuerst als neurotisches Mädchen und später als gemütliche Matrone. *Of Mice and Men* (39), *Victory* (40), *Are Husbands Necessary?* (41), *King's Row* (41), *Blues in the Night* (41), *Tomorrow the World* (41), *Flesh and Fantasy* (43), *The Great Moment* (43), *The Southerner* (45), *The Great Gatsby* (49), *Picnic* (56), *Middle of the Night* (59), *Birdman of Alcatraz* (62), *Seven Women* (66), *How to Save a Marriage* (67), *Coogan's Bluff* (68), u.v.a.

S.74 ROSCOE »FATTY« ARBUCKLE (1887–1933). Ursprünglich Klempner, arbeitete er sich über die Keystone Kops hoch und spielte mit Mabel Normand *(Fatty's*

198

Flirtations), Charlie Chaplin *(The Rounders),* und Buster Keaton *(The Butcher Boy),* bis er so populär war, daß seine Filmgesellschaft einmal ein riesiges Transparent heraushängte: PARAMOUNT WELCOMES THE PRINCE OF WHALES.

Am 6. März 1917 wäre es in Boston bereits beinahe zu einem Skandal gekommen. Arbuckle feierte in Brownie Kennedy's Roadhouse mit den Magnaten Adolph Cukor, Jesse Lasky und Joseph Schenck einen Vertragsabschluß. Sie hatten zwölf »Party Girls« (Abendgage: $ 1.050,–) dabei, irgendein Wichtigtuer irrte sich in der Tür, entschied, der Anstand sei verletzt, rief die Polizei, und das Ganze endete mit der Zahlung von Schweigegeld in Höhe von $ 100.000,– an den Unterstaatsanwalt und den Bürgermeister von Boston, James Curley.

Der eigentliche »Arbuckle-Skandal« war weit schlimmer. Virginia Rappe, eine hübsche Brünette aus Chicago, war durch ihre Abbildung auf dem Titelblatt eines Programmhefts mit Liedertexten zum Mitsingen (*Let Me Call You Sweetheart* hieß der Film) in Hollywood aufgefallen. Mack Sennett ließ sie kommen und beschäftigte sie in Nebenrollen. Bei dieser Gelegenheit infizierte sie die Hälfte seines Stabes mit Filzläusen, so daß Sennett sein Studio für mehrere Drehtage dichtmachte, um es ausräuchern zu lassen. Arbuckle wollte sie zu seiner Partnerin machen und lud sie für den 5. September 1921 ins St. Francis Hotel in San Francisco ein, um seinen neuen Dreimillionenvertrag mit der Paramount zu feiern. Im Verlauf dieser Party scheint Arbuckle eine Champagnerflasche so geöffnet zu haben, daß Virginia einen Blasenriß und andere innere Verletzungen erlitt, an denen sie nach Stunden starb. Arbuckle: »Sei still, oder ich schmeiß dich aus dem Fenster!« Der San Francisco Deputy Coroner Michael Brown hatte einen anonymen Anruf bekommen, und als er im Hotel erschien, sah er einen Krankenpfleger mit einem Krug, in dem sich Virginia Rappes Unterleibsorgane befanden, zur Verbrennungsanlage hasten. Er beschlagnahmte den Krug. Arbuckle wurde des Mordes angeklagt und am 12. April 1922 von den Geschworenen wegen der schwierigen Beweislage freigesprochen.

Seine Karriere war beendet; nur Buster Keaton verschaffte ihm noch gelegentlich Regieaufträge unter dem Pseudonym Will B. Good; Arbuckles Gesicht und Figur waren zu unverkennbar; auf der Straße rief man ihm nach: »Virginia, here I come«, und als er 1931 wegen Alkohols am Steuer festgenommen wurde, warf er dem Verkehrspolizisten eine Flasche entgegen: »There goes the evidence! (Da geht es hin, das Beweis-stück!)«

S.79   *The Bengal Lancers* (03). Aufgeführt ist der Film; alle anderen Daten scheinen verschollen.

S.81   BONITA GRANVILLE (geb. 1923). Kinderstar, mit drei Jahren zum erstenmal auf der Bühne. Ab 1932 im Film; größter Erfolg als bösartiges Schuldmädchen in *These Three* (36); *The Life of Emile Zola* (37), *Gentleman After Midnight* (38), *Escape* (40), *H. M. Pulham, Esq.* (41), *Now Voyager* (42), *The Glass Key* (42), *Hitler's Children* (43), *Youth Runs Wild* (44), *Señorita from the West* (45), *Suspense* (46), *The Guilty* (48), *Treason* (50), *The Lone Ranger* (57), u.v.a.; Hauptrolle in der Detektivserie *Nancy Drew* (38–42). Produktionsassistentin der Fernsehserie *Lassie* und bei *Lassie's Great Adventure* (63).

S.87   GLORIA SWANSON (geb. 1898). Stummfilmstar; wurde von Mack Sennett als badende Schönheit eingesetzt. Danach wurde sie zum regulären Superstar des 20. Jahrhunderts; tritt heute noch gelegentlich im Fernsehen auf und macht alle paar Jahre einen Film, in dem sie zeigt, daß sie alles gekonnt und nichts verlernt hat. *The Meal Ticket* (15), *Teddy at the Throttle* (17), *The Pullman Bride* (17), *Shifting Sands* (18), *Don't*

Change Your Husband (18), *Male and Female* (19), *The Affairs of Anatol* (21), *Prodigal Daughters* (23), *Madame Sans Gêne* (25), *Untamed Lady* (26), *Sadie Thompson* (28), *Queen Kelly* (unvollendet; 28), *Indiscreet* (31), *Perfect Understanding* (33), *Music in the Air* (34), *Father Takes A Wife* (41), *Sunset Boulevard* (50), *Three for Bedroom C* (52), *Nero's Mistress* (Italien; 56) u. v., v. a.

S. 87 JOAN CRAWFORD (geb. 1906 als Lucille le Sueur; auch unter dem Namen Billie Cassin tätig). Leslie Halliwell schreibt im »Filmgoer's Companion«: »Amerikanische ›leading lady‹; einer von Hollywoods dauerhaftesten Stars, zunächst als Vamp des Jazz-Zeitalters, dann als die Personifizierung des Karriere-Girls und schließlich als unterdrückte alte Frau. Wenige ihrer Filme hinterlassen einen bleibenden Eindruck, aber sie war immer ein Kassenschlager, besonders bei den Damen unter ihren Fans, die sie gern in Nerz leiden sahen.« Erster Film: *Pretty Ladies* (25). *The Only Thing* (25), *Tramp Tramp Tramp* (26), *Spring Fever* (27), *Our Dancing Daughters* (28), *Our Modern Maidens* (29), *Hollywood Revue* (29), *Our Blushing Brides* (30), *Possessed* (31), *Grand Hotel* (32), *Dancing Lady* (33), *Forsaking All Others* (34), *No More Ladies* (35), *The Gorgeous Hussy* (36), *The Bride Wore Red* (37), *The Shining Hour* (38), *Ice Follies* (39), *Strange Cargo* (40), *A Woman's Face* (41), *They All Kissed the Bride* (42), *Above Suspicion* (43), *Hollywood Canteen* (44), *Mildred Pierce* (Oscar; 45), *Humoresque* (46), *Possessed* (noch einmal; 47), *Daisy Kenyon* (47), *Flamingo Road* (49), *The Damned Don't Cry* (50), *Goodbye My Fancy* (51), *This Woman is Dangerous* (52), *Torch Song* (53), *Johnny Guitar* (54), *The Female on the Beach* (55), *Autumn Leaves* (56), *The Story of Esther Costello* (England; 57), *The Best of Everything* (59), *Whatever Happened To Baby Jane* (62), *The Caretakers* (63), *Strait Jacket* (64), *I Saw What You Did* (65),

The Karate Killers (67), *Berserk* (England; 67), *Trog* (70) u. v. a. Autobiografie: *A Portrait of Joan* (62).

S. 88 *Stella Dallas*. 1926: Henry King (Regie); mit Ronald Colman und Jean Hersholt. 1937: King Vidor (Regie); mit Barbara Stanwyck.

S. 92 MELVYN DOUGLAS (geb. 1901 als Melvyn Hesselberg). In den 30er und 40er Jahren auf geschniegelte Kavaliere mit vollendeten Umgangsformen spezialisiert; heute Charakterdarsteller. Auch am Broadway gefragt. Erster Film: *Tonight or Never* (31), *As You Desire Me* (32), *The Old Dark House* (32), *The Vampire Bat* (33), *Dangerous Corner* (34), *She Married Her Boss* (35), *The Gorgeous Hussy* (36), *Theodora Goes Wild* (36), *I Met Him in Paris* (37), *Fast Company* (38), *That Certain Age* (38), *The Shining Hour* (39), *Ninotchka* (39), *My Two Husbands* (40), *He Stayed for Breakfast* (40), *Married But Single* (40), *That Uncertain Feeling* (41), *A Woman's Face* (41), *Our Wife* (41), *Two-Faced Woman* (41), *We Were Dancing* (42), *They All Kissed the Bride* (42), *Three Hearts for Julia* (42) u.v.a. Militärdienst; dann *Sea of Grass* (47), *The Guilt of Janet Ames* (47), *My Own True Love* (47), *Mr. Blandings Builds His Dream House* (48), *The Great Sinner* (49), *On the Loose* (51); es folgen zehn Jahre als Bühnenschauspieler. Dann: *Billy Budd* (61), *Hud* (Oscar; 63), *The Americanization of Emily* (64), *Rapture* (65), *Hotel* (67) u.v.a. Fernsehserie: *Hollywood Confidential*.

S. 92 ROBERT YOUNG (geb. 1907). Spielt schon immer die liebenswerten, verläßlichen Herren; war vorher Buchhalter und Leiter einer Laienspielgruppe. Erster Film: *The Lullaby* (31), *Strange Interlude* (31), *The Kid from Spain* (32), *Hell Below* (32), *Tugboat Annie* (33), *Lazy River* (34), *The House of Rothschild* (34), *Spitfire* (34), *Whom the Gods Destroy* (35), *West*

Point of the Air (35), *It's Love Again* (England; 36), *Secret Agent* (England; 36), *Stowaway* (36), *The Emperor's Candlesticks* (37), *I Met Him in Paris* (37), *The Bride Wore Red* (37), *Josette* (38), *Frou Frou* (38), *Three Comrades* (39), *Rich Man, Poor Girl* (39), *Honolulu* (39), *Miracles for Sale* (39), *Maisie* (39), *Northwest Passage* (40), *The Mortal Storm* (40), *Florian* (40), *Western Union* (41), *The Trial of Mary Dugan* (41), *Lady Be Good* (41), *H. M. Pulham, Esq.* (41), *Cairo* (42), *Journey for Margaret* (42), *Sweet Rosy O'Grady* (43), *Claudia* (43), *The Canterville Ghost* (44), *The Enchanted Cottage* (44), *Those Endearing Young Charms* (45), *Lady Luck* (46), *Claudia and David* (46), *The Searching Wind* (46), *They Won't Believe Me* (47), *Crossfire* (47), *Sitting Pretty* (48), *The Forsyte Saga* (49), *Bride for Sale* (50), *Ellen (The Second Woman)* (51), *Goodbye My Fancy* (51), *The Half-Breed* (52), *The Secret of the Incas* (54) u.a. Später in Fernsehserien: *Father Knows Best* (54–60) und *Marcus Welby M.D.* (69 begonnen).

S.93 GEORGE BRENT (geb. 1904 als George Nolan). Verließ Irland noch in der Stummfilmzeit und entwickelte sich, nachdem er jahrelang den starken Mann gespielt hatte, zum robusten Beschützertyp für dominante Charakterdarstellerinnen, allen voran Bette Davis. *Charlie Chan Carries On* (31), *So Big* (32), *Life Begins* (32), *Forty-second Street* (33), *The Painted Veil* (34), *Special Agent* (35), *Front Page Woman* (35), *God's Country and the Woman* (36), *Jezebel* (38), *Dark Victory* (39), *The Rains Came* (39), *South of Suez* (40), *The Great Lie* (41), *International Lady* (41), *In This Our Life* (42), *Twin Beds* (42), *Silver Queen* (43), *Experiment Perilous* (44), *The Spiral Staircase* (45), *The Affairs of Susan* (45), *Tomorrow Is Forever* (45), *Temptation* (46), *Slave Girl* (47), *Christmas Eve* (47), *The Corpse Came C.O.D.* (47), *Luxury Liner* (48), *Bride for Sale* (49), *The Last Page* (England; 50),

Montana Belle (52), *Mexican Manhunt* (sein letzter Film; 53). Später ein paar Fernsehrollen; seit 1958 nichts mehr.

S.93 SINCLAIR LEWIS (1885–1951). Schriftsteller, lehnte 1926 den Pulitzer-Preis für *Arrowsmith* (25) ab, erhielt als erster Amerikaner (1930) den Nobelpreis für Literatur. *Our Mr. Wren* (14), *Free Air* (19), *Main Street* (20), *Babbitt* (22), *Elmer Gantry* (27), *Sam Dodsworth* (29), *Ann Vickers* (33), *It Can't Happen Here* (35), *Gideon Planish* (43), *The Godseeker* (49), *World So Wide* (56), *Let Us Play King* (56) – Romane: *Selected Short Stories* (35); Dramen: *Dodsworth* (34), *Jayhawker* (35), *Angela is Twenty-Two* (40); Essays: *The Man from Main Street* (54), *From Main Street to Stockholm* (52) – auf keinen Fall zu verwechseln mit

S.93 UPTON SINCLAIR (1878–1968). Begann als Heftautor, um sich das Studium zu verdienen. Erster Erfolg mit *The Jungle* (06), über die Schlachthöfe von Chicago; dann folgten Shocker über die Bergwerke in Pennsylvania (*King Coal*, 17), über den Justizmord an Sacco und Vanzetti (*Boston*, 27), über das Geschäft mit dem Erdöl (*Oil!*, 27), sowie gut dreißig andere sozialkritische Romane. Die Romane der *Lanny Budd*-Serie – *Dragon's Teeth* (42) wurde mit dem Pulitzer-Preis ausgezeichnet – beschreiben die Welt vom Ersten Weltkrieg bis zum Sturz von Hitler/Mussolini.
Die Werke von Sinclair Lewis zumindest scheinen verfilmbarer gewesen zu sein als die von Upton Sinclair, denn sie wurden durchweg mit großem professionellen Aufwand in Hollywood produziert (*Arrowsmith* 32, *Ann Vickers* 33, *Babbitt* 34, *Dodsworth* 36, *Untamed* 40, *Elmer Gantry* 60), während Verfilmungen nach Upton Sinclair eher in den Staaten des realen Sozialismus stattfanden; was aber alles nichts zu sagen hat, denn wir wollen, wie gesagt, keinesfalls denselben

Fehler machen wie Deering R. Robinson und die beiden miteinander verwechseln.

S. 94 Der Wagner-Erlaß: Seit der amerikanische Kongreß in den 30er Jahren den *Wagner Act* verabschiedete, ist es Industriearbeitern offiziell gestattet, sich gewerkschaftlich zu organisieren.

S. 95 CAROLE LOMBARD (1908–1942) (Jane Peters). Begann als Kinderstar und entwickelte sich zur großen Komödiantin. *A Perfect Crime* (21), *Marriage in Transit* (25), *Fast and Loose* (30), *Man of the World* (31), *Virtue* (32), *No Man of Her Own* (32), *Twentieth Century* (34), *We're Not Dressing* (34), *Hands Across the Table* (35), *My Man Godfrey* (36), *Nothing Sacred* (37), *Fools for Scandal* (38), *True Confession* (38), *In Name Only* (39), *Vigil in the Night* (39), *They Knew What They Wanted* (40), *Mr. and Mrs. Smith* (41), *To Be or Not To Be* (42) u. v. a.

S. 96 SHIRLEY TEMPLE (geb. 1928). Begann als Kinderstar und entwickelte sich zur Diplomatin; schlug unter anderem eine atomare Lösung des Vietnam-Konflikts vor. 1934 Sonder-Oscar »in dankbarer Anerkennung ihres hervorragenden Beitrags zur Leinwand-Unterhaltung«. *The Red-Haired Alibi* (32), *To The Last Man* (33), *Little Miss Marker* (34), *The Little Colonel* (35), *Our Little Girl* (35), *Curly Top* (35), *The Littlest Rebel* (35), *Poor Little Rich Girl* (36), *Dimples* (36), *Stowaway* (36), *Wee Willie Winkie* (37), *Heidi* (37), *Little Miss Broadway* (38), *The Little Princess* (39), *Susannah of the Mounties* (39), *The Blue Bird* (40), *Kathleen* (41), *Miss Annie Rooney* (42), *Since You Went Away* (44), *Kiss And Tell* (45), *Honeymoon* (47), *The Bachelor and the Bobbysoxer* (47), *The Story of Seabiscuit* (49), *A Kiss for Corliss* (49) u. v. a. John Ford nannte sie wegen ihrer Zuverlässigkeit »One-Take Temple«.

S. 107 ROBERT BENCHLEY (1889–1945). Humoristischer Autor; trat in vielen Filmen als sympathischer Stotterer auf, indem er etwas Unerklärbares zu erklären oder etwas Aussichtsloses zu meistern suchte. Von 1928 bis 1942 hielt er eine Reihe »wissenschaftlicher« Vorlesungen für MGM und Paramount; 1935 bekam er für *How to Sleep* den Oscar. *Dancing Lady* (33), *Foreign Correspondent* (40), *Bedtime Story* (41), *The Major and the Minor* (42), *See Here Private Hargrove* (44), *Road to Utopia* (45), *It's in the Bag (The Fifth Chair)* (45), *Janie Gets Married* (46); Biografie: Nathaniel Benchley, *Robert Benchley* (46).

S. 107 DONALD OGDEN STEWART (geb. 1894). Dramatiker und Drehbuchautor: *Smilin' Through* (32), *The Barretts of Wimpole Street* (34), *The Prisoner of Zenda* (37), *The Philadelphia Story* (Oscar; 40), *Keeper of the Flame* (43), *Life with Father* (47), *Edward, My Son* (49) u. a.

S. 107 TED LEWIS (geb. 1891 als Theodore Friedman). Bandleader und Entertainer (»Me and my shadow«); trat in folgenden Filmen auf: *Is Everybody Happy* (29), *Here Comes the Band* (35), *Hold that Ghost* (42) u. a.

S. 107 WILDER: Entweder der Regisseur Billy Wilder (geb. 1906), sein Bruder, der Produzent W. Lee Wilder (geb. 1904), oder aber der Dramatiker Thornton Wilder (geb. 1897), der sich, um die Verfilmung von *Our Town, The Bridge of San Luis Rey, The Matchmaker* und *Shadow of a Doubt* (Drehbuch; Regie: Alfred Hitchcock) zu überwachen, oft in Hollywood aufgehalten hat.

S. 107 ALEXANDER WOOLCOTT (1887–1943). Kolumnist und Kritiker; Vorbild für *The Man Who Came to Dinner* von Kaufman und Hart. Einziger Filmauftritt in *The Scoundrel* (35).

S. 117 *Captains Courageous* (37): ein wunderbarer Film über einen irischen Fischer, über den ich sehr geweint habe; Spencer Tracy bekam dafür den Oscar.

S. 117 *Test Pilot* (30). Victor Fleming (Regie); mit Clark Gable, Mirna Loy, Spencer Tracy und Lyonel Barrymore.

S. 117 *Wuthering Heights* (30). Nach dem Roman von Emily Brontë. Buch: Charles Macarthur und Ben Hecht; Regie: William Wyler; Kamera: Gregg Toland; mit Laurence Olivier, Merle Oberon, David Niven und Geraldine Fitzgerald. Dies ist die Version, auf die sich Eleanor Carter bezieht; vorher und nachher hat es noch viele britische Versionen gegeben, und 1950 wurden die *Heights* auch noch von Luis Buñuel *(Abismos de Pasión)* verfilmt.

S. 117 *The Awful Truth* (37). Buch und Regie: Leo McCarey (Oscar für beides); mit Cary Grant und Irene Dunne. 1953 wurde McCareys Drehbuch noch einmal von Alexander Hall mit Ray Milland und Jane Wyman unter dem Namen *Let's Do It Again* nachgedreht.

S. 117 *Mr. Smith Goes to Washington* (39). Frank Capra (Regie); mit James Stewart, der als idealistischer junger Senator aus Wisconsin das Establishment (von Claude Rains mit britischem Akzent gespielt) vernichtend besiegt; mit Jean Arthur, Guy Kibbee, Thomas Mitchell, H. B. Warner, Edward Arnold, Harry Carey, Eugene Pallette und William Demarest. Buch: Sidney Buchman.

S. 117 *Dark Victory* (39). Regie: Edmund Goulding; mit Bette Davis. Nach diesem Film wurden Unhappy Ends Mode: Bette Davis stirbt ganz langsam an einem Gehirntumor. 1963 als *Stolen Hours* mit Susan Hayward wiederverfilmt.

S. 125 MABEL NORMAND (1894–1930) (Mabel Fortescue). In Stummfilmen von Vitagraph und Keystone die komische Widerspenstige. *Barney Oldfield's Race for Life* (12), *Fatty and Mabel Adrift* (mit Roscoe Arbuckle); (15), *Mickey* (17), *Sis Hopkins* (18), *Molly O* (21), *Suzanna* (22) u. v. a.

S. 125 BARBARA LaMARR (1896–1926) (Reatha Watson). Stummfilme: *The Prisoner of Zenda* (22), *The Eternal Struggle* (23), *Thy Name Is Woman* (24), *The Girl from Montmartre* (26) u. a. Barbara LaMarr bekam von Studio-Ärzten zum erstenmal Heroin; »the girl that is too beautiful« starb – nachdem sie es oft genug angekündigt hatte – an einer Überdosis.

S. 130 DUTCH WAGGONER: Möglicherweise George Waggner (geb. 1894), Regisseur/Produzent/Autor von Billigfilmen: *The Wolf Man* (41), *The Climax* (44), *Cobra Woman* (45), *The Fighting Kentuckian* (45), *Operation Pacific* (51), *Bitter Creek* (54), *Destination 60,000* (57), *Pale Arrow* (58) u. v. a.

S. 141 IRVIN S. COBB, Schriftsteller und Drehbuchautor. *Pardon My French* (21), *Peck's Bad Boy* (21), *The Five Dollar Baby* (22), *Turkish Delight* (27)

S. 145 DOUGLAS FAIRBANKS (1883–1939) (Julius Ullman). Erster und legendärster Protagonist des Mantel- und Degenstücks im Stumm- wie im Tonfilm. Erster Film: *The Lamb* (14), *His Picture in the Papers* (15), *Reggie Mixes In* (16), *The Americano* (16), *Manhattan Madness* (16), *Down to Earth* (17), *In Again Out Again* (17), *Wild and Woolly* (17), *Reaching for the Moon* (17), *Bound in Morocco* (18), *Heading South* (18), *The Knickerbocker Buckaroo* (19), *A Modern Musketeer* (19), *Matrimaniac* (19), *His Majesty the American* (19), *The Mollycoddle* (20), *The Mark of Zorro* (21), *The Three Musketeers* (21), *Robin Hood* (22), *The*

Thief of Baghdad (24), *Don Q., Son of Zorro* (25), *The Black Pirate* (26), *The Gaucho* (27), *The Taming of the Shrewd* (28), *The Iron Mask* (29), *Reaching for the Moon* (Remake; 30), *Around the World in Eighty Minutes* (31), *Mr. Robinson Crusoe* (42), *The Private Life of Don Juan* (letzter Film, in England gedreht; 34), u. v. a. Zog sich als Schauspieler frühzeitig zurück, weil er fürchtete, mit zunehmendem Alter unglaubwürdig zu werden. Sein Sohn, Douglas Fairbanks jr., übernahm das freigewordene Fach und spielte die Ritter, Freibeuter und Musketiere noch geschmeidiger und anmutiger. 1919 gründete Fairbanks sen. zusammen mit seiner Frau Mary Pickford und Charlie Chaplin und D. W. Griffith als Mitgesellschaftern die United Artists. 1939 wurde ihm posthum der Oscar verliehen: »für seinen einzigartigen und herausragenden Beitrag zur internationalen Entwicklung des Films«.

S.153 *The Birth of a Nation* (1914). Drehbuch: D. W. Griffith und Frank Woods; Regie: D. W. Griffith; Kamera: Billy Bitzer; nach dem Roman »The Clansman« von Thomas Dixon. Monumentales Melodram über den Bürgerkrieg und die Zeit danach; im Verhältnis von Drehkosten zu Einspielergebnis der größte Kassenschlager aller Zeiten. Heute bekennt Hollywood sich nicht mehr so gern zu diesem Film, weil er stark rassistisch ist, aber die Schlachten und das Happy End (in dem nicht die Kavallerie, sondern der Ku Klux Klan rettend eingreift) sind voller neuer technischer Gags, die heute noch in Gebrauch sind. Zahlreiche vertonte Fassungen.

S.155 MR. DeTinc. Damit ist möglicherweise André De-Toth (geb. circa 1900) gemeint, ein aus Ungarn stammender Regisseur. Sein einziges bedeutendes Werk ist *House of Wax* (53), der erste abendfüllende 3-D-Film. Da DeToth nur ein Auge hatte (das andere schien funkelnd auf Pat Hobby fixiert zu sein, erinnern wir uns), nützte ihm persönlich der schöne Effekt gar nichts.

S. 155 CLARK GABLE (1901–1960). Star in fast 70 Filmen, von *The Painted Desert* (30), über *It Happened One Night* (Oscar; 34) bis *Misfits* (60).

S. 155 »Spencer Rooney«: Mischung aus Spencer Tracy (1900–1967) und Mickey Rooney (geb. 1922 als Joe Yule). Diese Art Star würde einen unglaublich talentierten, aggressiven, versoffenen Schauspieler irischer Abkunft ergeben.

S. 155 VIVIEN LEIGH (1913–1967) (Vivien Hartley). Vornehmer britischer Star; Film- und Bühnenkarriere waren durch zarte Gesundheit behindert. Mit Laurence Olivier verheiratet. Filme in England: *Things Are Looking Up* (34), *The Village Squire* (35), *Gentleman's Agreement* (35), *Look Up and Laugh* (35), *Fire Over England* (36), *Dark Journey* (37), *Storm in a Teacup* (37), *St. Martin's Lane* (38), *Twenty-one Days* (38), *A Yank at Oxford* (38); in Hollywood: *Gone with the Wind* (Oscar für ihre Scarlet O'Hara; 39), *Waterloo Bridge* (40), *Lady Hamilton* (41), *Caesar und Cleopatra* (England, 45), *Anna Karenina* (England, 48) *A Streetcar Named Desire,* (Hollywood. Oscar; 51), *The Deep Blue Sea* (England, 55), *The Roman Spring of Mrs. Stone* (England, 61), *Ship of Fools* (Hollywood, 65).

S. 157 GIOVANNI BOLDINI (geb. 1842 in Ferrara, gest. 1931 in Paris). In Florenz im Kreise der Macchiaiuoli (von italienisch macchia – Fleck; Vorläufer der Naturalisten), seit 1869 in London, später in Paris tätig, wo er wegen seiner im flotten Salon-Impressionismus vorgetragenen Bildnisse bekannter Persönlichkeiten über Gebühr bewundert wurde (sagt der Brockhaus).

S. 165 EUGENE O'BRIEN. Soll wohl Edmond O'Brien (geb. 1915) sein. Action-Star, später Charakterdarsteller.

S. 165 ROBERT TAYLOR (1911–1969) (Spangler Arlington Brough). Dauerhafter Action-Held. Erster Film: *Handy Andy* (34); *Magnificent Obsession* (35), *Broadway Melody of 1936* (36), *The Gorgeous Hussy* (36), *Personal Property* (37), *Camille* (37), *His Affair* (38), *A Yank at Oxford* (38), *The Crowd Roars* (38), *Three Comrades* (39), *Waterloo Bridge* (40), *Escape* (40), *Billy the Kid* (41), *When Ladies Meet* (41), *Johnny Eager* (41), *Her Cardboard Lover* (42), *Cargo of Innocents* (42), *Bataan* (42), *Song of Russia* (43), Kriegsdienst; dann *Undercurrent* (47), *High Wall* (48), *Conspirator* (50), *Ambush* (50), *Devil's Doorway* (50), *Quo Vadis* (51), *Ivanhoe* (52), *Knights of the Round Table* (54), *Many Rivers to Cross* (55), *The Adventures of Quentin Durward* (56), *The Power and the Prize* (56), *Tip on a Dead Jockey* (57), *Saddle the Wind* (57), *The Law and Jake Wade* (58), *The Hangman* (59), *The House of the Seven Hawks* (59), *The Killers of Kilimanjaro* (60), *Guns of Wyoming (Cattle King)* (62), *A House is Not a Home* (64), *The Night Walker* (65), *Johnny Tiger* (66), *Return of the Gunfighter* (66), *Savage Pampas* (66), *The Glass Sphinx* (67), v. a. Fernsehserie: *The Detectives* (59–61).

1947 trat Robert Taylor der von John Wayne, Charles Coburn und Hedda Hopper gegründeten »Motion Picture Alliance for the Preservation of American Ideals« bei, einer hysterisch antikommunistischen Vereinigung zur Bespitzelung und Verleumdung linksliberaler Kollegen. Weitere prominente Mitglieder waren Paul Lukas, George Murphy, Adolphe Menjou (der Erfinder des gleichnamigen Bärtchens) und der Regisseur Leo McCarey. Humphrey Bogart, Lauren Bacall, Gene Kelly, June Havoc, John Huston und Danny Kaye charterten ein Flugzeug, um gemeinsam in Washington gegen das Treiben der Hexenjäger zu protestieren, aber es nutzte nichts: die »Hollywood Ten« (Herbert Biberman, Albert Maltz, Edward Dmytryk, Adrian Scott, Ring Lardner jr., Samuel

Ornitz, John Howard Lawson, Lester Cole, Alvah Bessie und Dalton Trumbo) mußten ins Gefängnis. Dort traf Dalton Trumbo einen seiner Ankläger wieder, den Ex-Kongreßabgeordneten J. Parnell Thomas, der inzwischen wegen Bestechung einsaß. Charles Chaplin, Jules Dassin, John Berry und Joseph Losey zogen es vor, nach Europa zu emigrieren. Wer zu Hause blieb, hatte zu leiden. Die Karrieren von Anne Revere, Gale Sondergaard, Jean Muir, John Garfield, J. Edward Bromberg und Larry Parks waren beendet. Dashiell Hammett und Lillian Hellman hatten einen beachtlichen Auftritt vor dem Untersuchungsausschuß der »Alliance«, Lionel Stander beschimpfte den Ausschuß und zog dann eilig nach Italien um, Sidney Buchman, Autor von *Mr. Smith Goes to Washington*, weigerte sich zu erscheinen und kam auf die Schwarze Liste. Elia Kazan, Jerome Robbins und schließlich auch Edward Dmytryk kapitulierten und denunzierten Kollegen, um ihre Karrieren zu retten. Durch all das wurde der amerikanische Film nicht besser. Soviel zu Robert Taylor.

S. 166 CHARLES COLEMAN (1885–1951). Australischer Schauspieler. Spielte ab 1932 in Hollywood zahllose stereotype Butler.

S. 166 CONSTANCE TALMADGE (geb. 1898). Stummfilmstar im tragischen und im komischen Fach. *Intolerance* (15), *Matrimaniac* (16), *The Honeymoon* (17), *Happiness à la Mode* (19), *Lessons in Love* (21), *Her Primitive Lover* (22), *The Goldfish* (24), *Her Sister from Paris* (25), *Venus* (29) u. v. a.

S. 166 ALLAN DWAN (geb. 1885). Regisseur; beherrscht alle Sparten, vom Western über den Problemfilm bis zum Problemwestern. *Wildflower* (14), *The Good Bad Man* (15), *Manhattan Madness* (16), *A Modern Musketeer* (18), *Luck of the Irish* (20), *Robin Hood* (22), *Big*

Brother (23), *Zaza* (23), *Manhandled* (24), *Wicked* (25), *Stage Struck* (25), *While Paris Sleeps* (27), *The Iron Mask* (29), *Man to Man* (31), *Mayor of Hell* (33), *Human Cargo* (36), *Heidi* (37), *Suez* (38), *The Three Musketeers* (Parodie mit den Ritz Brothers; 39), *Trail of the Vigilantes* (40), *Rise And Shine* (41), *Abroad with Two Yanks* (44), *Up in Mabel's Room* (44), *Brewster's Millions* (45), *Getting Gertie's Garter* (46), *Angel in Exile* (48), *Sands of Iwo Jima* (49), *The Wild Blue Yonder* (51), *Montana Belle* (52), *The Woman They Almost Lynched* (53), *Silver Lode* (54), *Tennessee's Partner* (55), *Hold Back the Night* (56), *Slightly Scarlet* (56), *The River's Edge* (57), *The Most Dangerous Man Alive* (61) u. v., v. a.

S. 168 *The Big Parade* (25), ein Film über den Jungen von nebenan, der in den Krieg zieht, kostete eine Viertelmillion Dollar und spielte in zwei Jahren 15 Millionen ein, wodurch die MGM zur führenden Filmgesellschaft aufstieg. Und John Gilbert (John Pringle; 1895–1936) wurde durch diesen Film ein Star; nachdem er vorher schon beachtliche Rollen gespielt hatte (in *Should a Woman Tell*; 19, *Ladies in Love*; 21, *The Count of Monte Christo*; 22, *A Man's Mate*; 23, *Cameo Kirby*; 23, *The Merry Widow*; 25, ging es stark bergauf: *La Bohème* (26), *Love* (27), *Flesh and The Devil* (27), *Man, Woman and Sin* (28), *The Cossacks* (28). Ab 1928 hatte sich jedoch der Tonfilm durchgesetzt, und man konnte seine schreckliche Stimme allmählich nicht mehr hören.

S. 169 Am 25. Dezember schickt F. Scott Fitzgerald die Story »Die Macht des geschriebenen Wortes« (»Mightier Than The Sword«) an Arnold Gingrich, der ihn bei ESQUIRE betreut, und schreibt dazu: »Bitte kabeln Sie Geld. Wußten Sie, daß letzte Story (»Two Old-Timers«) beschreibt, wie ›The Big Parade‹ in Wirklichkeit entstand? King Vidor schubste John Gilbert in ein

Loch – glauben Sie's oder lassen Sie's bleiben. (gez.)
Dero bewegliche Habe«.

S. 178 JUNGFER MARIAN: Maid Marian war die Freundin von
Robin Hood.

S. 181 ASCAP: *American Society of Composers, Authors
and Publishers*, die amerikanische GEMA.

S. 190 TYRONE POWER (1913–1958). Stammt aus alter
Komödiantenfamilie und spielte einen ganz neuen
Heldentypus: freundlich und immer ein bißchen trau-
rig. *Tom Brown of Culver* (32), *Girls' Dormitory*
(36), *Ladies in Love* (36), *Lloyds of London* (37), *Love
is News* (37), *Café Métropole* (37), *This Ice* (37),
Second Honeymoon (37), *In Old Chicago* (38), *Alex-
ander's Ragtime Band* (38), *Marie Antoinette* (38),
Suez (38), *Rose of Washington Square* (39), *Jesse
James* (39), *Second Fiddle* (39), *The Rains Came* (39),
Daytime Wife (39), *Johnny Apollo* (40), *Brigham
Young* (40), *The Mark of Zorro* (40), *A Yank in the
R.A.F.* (41), *Blood and Sand* (41), *This Above All*
(42), *Son of Fury* (42), *The Black Swan* (42), *Crash
Drive* (42); Kriegsdienst; dann *The Razor's Edge* (46),
Captain from Castile (47), *Nightmare Alley* (47), *The
Luck of the Irish* (48), *That Wonderful Urge* (48),
Prince of Foxes (49), *The Black Rose* (50), *An Ameri-
can Guerilla in the Philippines* (51), *Rawhide* (51), *I'll
Never Forget You* (51), *Diplomatic Courier* (52),
Pony Soldier (52), *Mississippi Gambler* (53), *King of
the Khyber Rifles* (53), *The Long Gray Line* (54),
Untamed (54), *The Eddy Duchin Story* (56), *Seven
Waves Away* (57), *The Rising of the Moon* (als Spre-
cher im Off; 57), *The Sun Also Rises* (57), *Witness for
the Prosecution* (57). Starb während der Dreharbeiten
für *Solomon and Sheba* (58); Yul Brynner übernahm
die Rolle.

Nachbemerkung: Die deutschen Filmtitel habe ich – oft genug sogar gegen besseres Wissen – nicht aufgeführt. Da die deutschen Bearbeitungen (die BERLINER SYNCHRON WENZEL LÜDECKE hat sich hier besonders hervorgetan und tut es unangefochten weiter) meist dreiste, ja: unverschämte Verfälschungen sind; da – um nicht ins Aufzählen zu geraten, sei nur ein Fall für Hunderte genannt – ein Film wie Susannah of the Mounties *(39) auf deutsch* Fräulein Winnetou *heißt; da man ferner als Taubstummer bei diesen Filmen besser dran ist (weil man von den Lippenbewegungen der Schauspieler wenigstens die ursprüngliche Handlung einigermaßen ablesen kann); da dieses Buch schließlich auf deutsch* ›Pat Hobby's Hollywood* Stories‹ *heißt und nicht* »Opa kann's nicht lassen (Ein Blick hinter die Kulissen der Traumfabrik)«*, glaube ich, sowohl beim verständigen Leser als auch beim empfindlichen Cinéasten mit Verständnis rechnen zu dürfen.*

* Das ›Hollywood‹ hat der Verlag, aus schnöden Gewinst-Erwägungen, gegen den ausdrücklichen Willen des Übersetzers, in den deutschen Titel geschmuggelt.

Amerikanische Literatur
von Edgar Poe
bis Harold Brodkey im
Diogenes Verlag

Ring Lardner (1885–1933)
Geschichten aus dem Jazz-Zeitalter
Herausgegeben, übersetzt und mit einem Nachwort von Fritz Güttinger. detebe 78

Raymond Chandler (1888–1959)
Der große Schlaf
Roman. Deutsch von Gunar Ortlepp. detebe 70/1

Die kleine Schwester
Roman. Deutsch von W. E. Richartz. detebe 70/2

Das hohe Fenster
Roman. Deutsch von Urs Widmer. detebe 70/3

Der lange Abschied
Roman. Deutsch von Hans Wollschläger. detebe 70/4

Die simple Kunst des Mordes
Essays, Briefe, Fragmente. Deutsch von Hans Wollschläger. detebe 70/5

Die Tote im See
Roman. Deutsch von Hellmuth Karasek. detebe 70/6

Lebwohl, mein Liebling
Roman. Deutsch von Wulf Teichmann. detebe 70/7

Playback
Roman. Deutsch von Wulf Teichmann. detebe 70/8

Mord im Regen
Frühe Stories. Deutsch von Hans Wollschläger. detebe 70/9

Gesammelte Detektivstories
Mit einem Vorwort des Autors. Deutsch von Hans Wollschläger.
Ein Diogenes Sonderband

Dashiell Hammett (1894–1961)
Der Malteser Falke
Roman. Deutsch von Peter Naujack. detebe 69/1

Rote Ernte
Roman. Deutsch von Gunar Ortlepp. detebe 69/2

Der Fluch des Hauses Dain
Roman. Deutsch von Wulf Teichmann. detebe 69/3

Der gläserne Schlüssel
Roman. Deutsch von Hans Wollschläger. detebe 69/4

Der dünne Mann
Roman. Deutsch von Tom Knoth. detebe 69/5

Ausgewählte Detektivstories
Herausgegeben und mit einem Vorwort von Lillian Hellman. Deutsch
von Hellmuth Karasek, W. E. Richartz, Harry Rowohlt u. a.
Ein Diogenes Sonderband

Detektiv bei Continentals
Geschichten. Deutsch von Wulf Teichmann. Ein Diogenes Sonderband

F. Scott Fitzgerald (1896–1940)
Der große Gatsby
Roman. Deutsch von Walter Schürenberg. detebe 97/1

Der letzte Taikun
Roman. Deutsch von Walter Schürenberg. detebe 97/2

Pat Hobby's Hollywood Stories
Geschichten. Deutsch von Harry Rowohlt. detebe 97/3

William Faulkner (1897–1962)
Brandstifter
Gesammelte Erzählungen. Deutsch von Elisabeth Schnack. detebe 30/1

Eine Rose für Emily
Gesammelte Erzählungen. Deutsch von Elisabeth Schnack. detebe 30/2

Rotes Laub
Gesammelte Erzählungen. Deutsch von Elisabeth Schnack. detebe 30/3

Sieg im Gebirge
Gesammelte Erzählungen. Deutsch von Elisabeth Schnack. detebe 30/4

Schwarze Musik
Gesammelte Erzählungen. Deutsch von Elisabeth Schnack. detebe 30/5

Die Unbesiegten
Roman. Deutsch von Erich Franzen. detebe 30/6

Sartoris
Roman. Deutsch von Hermann Stresau. detebe 30/7

Als ich im Sterben lag
Roman. Deutsch von Albert Hess und Peter Schünemann. detebe 30/8

Schall und Wahn
Roman. Deutsch von Helmut M. Braem und Elisabeth Kaiser.
detebe 30/9

Carson McCullers (1917–1967)
Wunderkind
Erzählungen I. Deutsch von Elisabeth Schnack. detebe 20/1

Madame Zilensky und der König von Finnland
Erzählungen II. Deutsch von Elisabeth Schnack. detebe 20/2

Die Ballade vom traurigen Café
Novelle. Deutsch von Elisabeth Schnack. detebe 20/3

Das Herz ist ein einsamer Jäger
Roman. Deutsch von Susanna Rademacher. detebe 20/4

Spiegelbild im goldnen Auge
Roman. Deutsch von Richard Moering. detebe 20/5

Frankie
Roman. Deutsch von Richard Moering. detebe 20/6

Uhr ohne Zeiger
Roman. Deutsch von Elisabeth Schnack. detebe 20/7

Über Carson McCullers
Essays, Aufsätze, Rezensionen von und über McCullers. Mit Chronik
und Bibliographie. Herausgegeben von Gerd Haffmans. detebe 20/8

Lawrence Ferlinghetti (* 1919)
Ausgewählte Gedichte
Nachdichtung und Nachwort von Alexander Schmitz. detebe 41

Ray Bradbury (* 1920)
Der illustrierte Mann
Geschichten. Deutsch von Peter Naujack. detebe 127

Patricia Highsmith (* 1921)
Der talentierte Mr. Ripley
Roman. Deutsch von Barbara Bortfeldt

Ripley Under Ground
Roman. Deutsch von Anne Uhde

Ediths Tagebuch
Roman. Deutsch von Anne Uhde

Venedig kann sehr kalt sein
Roman. Deutsch von Anne Uhde

Der Stümper
Roman. Deutsch von Barbara Bortfeldt. detebe 74/1